얼마나 더
살아야
하나요?

얼마나 더
　　살아야
　　하나요?

발　행 | 2023년 5월 30일
저　자 | 김영봉(knj20kyb@naver.com)
펴낸이 | 한건희
펴낸곳 | 주식회사 부크크
출판사등록 | 2014.07.15.(제2014-16호)
주　소 | 서울특별시 금천구 가산디지털1로 119 SK트윈타워 A동 305호
전　화 | 1670-8316
이메일 | info@bookk.co.kr

ISBN | 979-11-410-2988-3

www.bookk.co.kr
ⓒ 김영봉 2023

얼마나 더
살아야
하나요?

김영봉 지음

저자 소개

-1966년생

-대전대성고등학교 졸업

-충남대학교 법학과 졸업

-사회복지사

-현재 합동법률사무소 해우 근무

CONTENT

작가의 말 -------------------- 7

1. 가을이 잊혀져 간다 ------------------------ 12
2. 시골 연습 ------------------------ 19
3. 세 사람의 여행 ------------------------ 30
4. 연극 소회(所懷) ------------------------ 39
5. 술에 대한 생각 ------------------------ 45
6. 추운 날의 풍경 ------------------------ 53
7. 김장 ------------------------ 57
8. 점심(點心) ------------------------ 62
9. 삶의 방식 ------------------------ 66
10. 고양이 키우기 ------------------------ 70
11. 새벽의 즐거움 ------------------------ 77
12. 별스런 생각 ------------------------ 83
13. 우리가 사는 모습은 ------------------------ 87
14. 대마도 자유여행 ------------------------ 92
15. 감식초 만들기 ------------------------ 98
16. 세대차이 ------------------------ 104
17. 지병 ------------------------ 109
18. 침묵(沈默) ------------------------ 114

19. 선행과 악행 ------------------------------ 120

20. 화목난로 ------------------------------ 124

21. 놀래키는 원자력 ------------------------------ 129

22. 건강검진 ------------------------------ 134

23. 음식 궁합 ------------------------------ 141

24. 딸의 서울살이 ------------------------------ 149

25. 진보와 보수 ------------------------------ 154

26. 자동차 방향지시등에 대한 생각 ------------------ 159

27. 면음식 중독 ------------------------------ 164

28. 전화 ------------------------------ 170

29. 새해를 바라보는 마음 ------------------------ 177

30. 나를 슬프게 하는 것들------------------------ 181

31. 달리기의 시작 ------------------------------ 188

32. 중국 태항산 여행 ------------------------------ 198

33. 마라톤 풀코스 완주기 ------------------------ 209

34. 코로나 체험기 ------------------------------ 215

35. 군산 선유도 여행 ------------------------------ 221

36. 위험한 새벽 ------------------------------ 227

37. 생일 ------------------------------ 231

38. 축복 ------------------------------ 232

39. 원칙대로 살기 ------------------------------ 234

40. 지리산둘레길 완주하기------------------------ 237

41. 남자로 살아가는 일 ------------------------ 244

42. 일본 야마구찌 여행 ----------------------- 249

43. 낙엽 속에서 ----------------------- 261

44. 아름다움을 보는 눈 ----------------------- 265

45. 텔레비전 끄기 ----------------------- 269

46. 주택청약 ----------------------- 274

작가의 말

내가 이 세상에 태어나 죽을 때까지 하고 싶어 하는 몇 가지 중 하나가 바로 내 이름으로 출간하는 책이다. 살아오면서 느끼는 것들을 조금씩 오랜 기간 글로 정리해 놓았고, 그런 것들 중에서 여러 차례 손질을 해서 그래도 마음에 드는 글만을 모아 이 책으로 출간하게 되었다.

이 책의 제목인 "얼마나 더 살아야 하나요?" 라는 의미도 내가 하고자 했던 소박한 일을 마지막까지 최선을 다 해 봤다면 더 이상 욕심을 부리지 않아도 될 거라는 자기 암시와도 같다.

사실, 나는 40대 무렵에 꿈을 꾼 적이 있는데, 그 꿈에서 내 장례식장의 영정사진을 내려다보고 있었다. 지금도 그 장면이 너무 생생해서 잊을 수가 없을 정도다. 당시 나는 드라마의 한 장면처럼 내 영정사진을 내려다보는 동안 상주인 듯한 두 여자가 문상객을 맞고 있었고, 어느 문상객이 상주와 맞절을 하면서 묻는 얘기를 생생하게 듣는다. 올해 연세가 어떻게 되느냐고.

그때 상주가 하는 말을 똑똑히 들었다. 올해 67세라고.

잠에서 깨어났을 때 가만히 앉아 생각했다. 내 운명적인 수명이 67세라고? 한동안 그 꿈을 남에게, 심지어 가족에게도 말하지 않고 혼자만 그 의미를 가만히 생각하고 또 생각했다.

그래! 내 운명의 시간은 67세다. 이걸 기준으로 내 삶을 정리해야 한다. 이런 생각이 굳어지면서 조금씩 내려놓을 건 내려놓고, 해야 할 건 해야 한다는 생각이 정리되기 시작했다. 그러고 보니 해야 할 것보다는 내려 놔야 할 게 훨씬 많은 걸 알게 된다. 내려놓을 게 많지만 그래도 어떤 기준점을 가지고 있다는 사실은 나로 하여금 크게 미련을 갖지 않게 할 수 있어서 다행이다.

한참 동안 그런 생각을 정리하면서 마음을 내려놓는 일에 익숙해져 갈 때 비로소 주변에 내 꿈 얘기를 하기 시작했다. 시간이 갈수록 내 꿈 얘기를 듣는 사람들이 많아지고 있다. 내 꿈 얘기는 정색을 하고 진지한 상황에서 드러내는 것이 아니라 술자리처럼 비교적 가벼운 분위기에서 언뜻 나오기 때문에 심지어 가족마저 술김에 하는 허튼 말이라는 반응으로 가볍게 넘기지만 그 말이 나오기까지 내가 정리한 나의 삶은 의외로 탄탄하다.

내 말에 누군가는 그랬다. 그 나이에 예상대로 되지 않으면 가만두지 않겠다고... 나도 제발 그랬으면 하지만 내 꿈의 예지력을 떠나서 삶의 기준점이 그렇다면 그걸로 얼마나 다행스러운지 모른다. 나 역시 농담조로 그보다 오래 살면 새로 태어난 기분으로 사는 게 아니냐고 말한다.

하지만, 생명의 단절은 누구라도 장담할 수 없어서 67세보다 훨씬 적게 살 수도 있을 것이다. 그런 위험도 얼마든지 있다.

이 책은 그런 의미에서 내 삶을 정리하는 일 중의 매우 중요한 것으로 예정된 것이었다. 관계를 가능한 최소한으로 거르고 걸러 남게 되는 분들에게 삶의 명함처럼 드리고 싶어서 자가출판이라는 걸 생각하게 되었다. 내가 이 세상에 나와서 크게 한 것은 없지만 이렇게 살다 삶을 정리하는 마음으로 느끼는 작은 생각들을 글로 엮어 책으로 만들고 싶었다.

이 책이 나오게 된 이상 내 삶은 0으로 되돌아가는 과정을 겪을 것이다. 내 삶이 0이 될 67세까지 새로운 의미의 삶으로 살게 될 것 같다. 좀 더 활동적으로 몸과 마음을 움직이다가 어느 순간 허락된 시간이 다가 온다고 생각되면 미련을 두지 않고 수도자의 길처럼 삶을 조용히 내려놓을 것이다. 그때를 위해 지금도 열심히 마음을 다스리는 생각으로 살고 있다.

많이 너그러워졌다고 생각하면서도 어쩔 수 없는 한 인간의 본성을 유지할 수밖에 없어서 실망 섞인 손가락질을 당할 수도 있을 것이다.

하지만, 어차피 무(無)로 돌아가야 할 우리의 운명이라면 나의 이런 생각이 있었다는 것도 나를 아는 사람들에게 알리고 싶다.

때로는 너무 깊은 애정으로 서로에게 더 상처를 주기도 하는 남현숙, 김지연, 김지수라는 이름으로 불리는 나의 가족은 이 책의 본문에서 막연하게 언급하고 있는 분들과 함께 내 생각과 삶에 많은 영향을 미치고 있다는 점을 밝힌다.

"가을이 잊혀져 간다"의 박경호 님,

"시골연습"과 "중국 태항산 여행"의 박병문 님,

"세 사람의 여행"의 전현규 님, 박원국 님,

"대마도 자유여행"의 김용철 님,

"감식초 만들기"와 "연극 소회"의 박진순 님과 소극장 고도 극단 대표인 박경순 님,

"점심"과 "전화"의 김원종 님,

"새벽의 즐거움"의 신준호 님, 김진만 님,

"음식궁합"의 김구양 님,

"놀래키는 원자력"의 이은주 님,

"새해를 바라보는 마음"의 김정섭 님,

"달리기의 시작"의 정대천 님,

"코로나 체험기"의 김지수 님,

"코로나 체험기"와 "지리산둘레길", "주택청약"의 김진홍 님,

"낙엽 속에서"의 이진영 님.

"술에 대한 생각", "코로나 체험기", "군산선유도 여행"의 오종훈 님,

"술에 대한 생각", "코로나 체험기"의 김종민 님을 이 책에 기록하는 것으로 그 고마움을 표한다.

2023년 5월 22일
김영봉

가을이 잊혀져 간다

언제라고 꼬집어 말하기도 서먹하게 부지런히 지나가 버린 후텁지근함이 정말 있었을까 하는 기억을 더듬어야 할 때가 되었다. 머릿속의 기억 한편으로는 지나간 여름의 고생스런 흔적이 아직도 뭉텅뭉텅 모여 있는 걸 꼬챙이로 헤집듯이 들춰내 보기도 한다.

도로 위를 굴러다니는 낙엽 한 조각에도 지난 여름의 치열했던 흔적이 고스란히 남아 있고, 그 여름의 무더위 속을 나 혼자만 애써 몸부림치고 있었던 것만은 아니라는 생각이 다행스럽다.

어느 소설에서의 글을 조금 바꿔 표현하면, 우리는 그 여름이라는 물 속에서 함께 허우적거린 존재들이다.

지나간 계절의 그 치열함에 익숙해지려는 순간이 되면 얼마 전까지만 해도 한 점 바람조차 헛되이 흘리지 않겠다는 듯 제 몸을 부풀리고 있던 가로수는 이제 그의 형태와 무게를 가벼이 하는 일에 몸을 맡길 준비를 한다. 마치 죽음의 운명 앞에서 삶을 체념한 오래된 병자처럼.

작게 부는 바람에도 제 자리를 내놓아야 할 운명을 받아들이듯 앙상해진 몰골을 보여야만 비로소 지겹도록 심신을 애태웠던 끈끈한 더위의 흔적이 사라져 가는 걸 느낀다. 이때쯤이면 오래전부터 그래왔어야 할 것처럼 익숙하게 배낭을 주섬주섬 메고 혼자 어디라도 잠깐 떠나야 한다는 조급함이 단단한 현실의 벽을 두드리기 시작한다.

하지만 급한 것치고 어딘가 허점을 내 보이지 않고는 베겨낼 수 없는 게 우리의 흔한 삶이다. 호들갑스럽게 일어난 마음치고 금세 엉거주춤하게 그쳐버리는 일이 나에게만 국한되는 일은 아닐 것이다.

기억의 흔적을 조금만 들춰 봐도 마음만 저만치 앞서 가 있었던 일의 기억이 빈번하다. 10년 전 일이나, 작년의 일이나 행동으로 나서지 못한 반복된 망설임의 기억은 언제나 닮아 있다. 무얼 해야겠다는 마음이 들고 나서는 대부분 이것과 저것을 비교하느라 바쁘고, 완벽해지려는 욕심에 굳이 필요하지도 않은 곳에까지 마음을 두다 보면 시작도 하기 전에 지치는 일이 흔하다. 어설프게 현실 속의 어지러움을 끌어안고 있다가 어쩌다 자유로움을 향한 행동으로 나간다 해도 여전히 떠나지 않는 걱정거리로 도돌이표처럼 반복되는 현실을 직면하게 될 뿐이다.

2012년 가을 무렵이었다.

평일에는 일을 해야 한다는 고정관념에서 벗어나고 싶어 조바심을 내던 때였다. 하지만 현실을 걱정하는 마음은 언제나 끈끈이처럼 나를 떼어놓으려 하지 않지만 가끔은 평일의 특별함을 누려보겠다는 생각에 여러 날을 재고 있었다.

차 안에 낚싯대를 챙겨 넣고 혼자 차를 몰아 바닷가로 떠나고 싶다는 마음을 그냥 숨겨 놓지 못하는 바람에 주위에는 공공연한 비밀이 되어 이제는 아예 없던 일로 되돌리기에도 우스워져 등 떠밀리듯 무창포로 떠나야 했다.

머리로는 생각나는 대로 이것저것 주워 담아 홀가분하게 떠나는 여행을 생각하고 있었지만 현실에선 상당히 오랜 기간 꼼꼼하게 챙긴 철저하게 계획된 여행이 되고 말았다.

10년 이상 배를 타고 낚시하는 걸 즐겼는데, 어느 날부터 갑자기 배가 흔들리며 울렁이는 게 끔찍하게도 싫어지고, 심지어 두려움까지 느껴져 낚시를 그만두었다. 배 멀미를 하는 것도 아닌데 너울에 배가 규칙적으로 흔들리면 표현하기 어려운 두려움이 생겨 견딜 수가 없을 정도였다.

그래서 그동안 함께 낚시를 다니던 동생을 비롯해서 아는 사람들에게 낚시를 못 다니겠다는 일방적인 통보를 하고 말았다. 그만 둘 수밖에 없었다. 함께 낚시를 다녔던 사람들은 내 뜬금없는 통보에 믿기지 않는 표정을 보이며 여러 번 낚시 얘기를 했지만 지금까지도 알 수 없는 두려움 때문에 배를 타고 낚시를 다닐 생각은 못하고 있다.

하지만 그렇게 즐기던 낚시를 당장 그만두더라도 큰 미련은 없었다. 다행이라면 낚싯배를 타고 흔들리는 두려움에 비하면 여객선과 같은 대형 선박의 흔들림에는 그나마 견딜만 하다는 것이다. 이런 사정으로 낚시는 이제 예전의 기억 속에서나 찾아내야 하는 추억거리가 되었다. 그만큼 즐겼으면 되었다는 생각이 들 만큼 여한은 없다.

망설임 끝에 시작하려던 평일의 혼자 낚시여행에 발목을 먼저 잡은 것은 차였다.

사무실이 집에서 걸어가도 고작 20분 정도 거리라서 평소에 차를 운행할 일이 거의 없다 보니 몇 주일씩 아파트 지하주차장에 차를 세워두는 일이 흔하다. 그러니 차를 주차할 때 제대로 살피지 않으면 오랜 기간 문제가 그대로 방치되고, 그 결과는 급할 때 당장 차를 운행하지 못하게 한다.

마지막으로 차를 운행하고 내리면서 안전벨트가 끼어 차문이 제대로 닫히지 않았던 모양이다. 차문이 제대로 닫히지 않는 바람에 자동차의 실내등이 계속 켜져 있었고, 이 때문에 차의 배터리가 완전히 방전된 걸 몰랐다.

여행 준비를 마치고 막 출발하려던 나는 자동차 키를 돌려도 아무런 반응이 없는 현실에 당황했다. 달리 방법이 없어 가입한 보험회사 서비스로 전화를 걸어 자동차가 움직이지 않는다는 하소연을 한 뒤에야 긴급출동 서비스 기사를 통해 급한 대로 시동을 걸기는 했으나, 그래도 차에 단단히 문제가 있는 듯 계기판에 비정상을 나타내는 표시등 여러 개가 꺼지지 않고 있어 초조하게 했다.

다행히 아파트 근처에 서비스센터가 있어 시동이 걸린 차를 그대로 몰고 가서 한참을 기다린 끝에 전문가의 도움으로 크게 수리하지 않고도 차를 다시 운행할 수 있다는 대답을 듣고서야 발목이 잡힌 여행 생각이 났다. 그렇게 기다리는 동안 머릿속에 그리고 있던 나의 한가로움은 조금씩 스크래치가 나고 있었다.

예상보다 훨씬 시간을 보내고 나서야 출발하게 된 나는 목적지로 선택한 무창포까지 차를 운전하고, 좋아하는 음악을 들으며 여유를 부린 것만으로 만족해야 했는데, 그건 날씨를 미리 확인하지 못한 댓가였다. 대전을 출발할 때까지는 날씨가 화창했는데, 무창포 바닷가는 내가 모르는 사이에 지독히도 억센 바람에 울렁이고 있었던 모양이다.

차의 배터리가 방전되고, 그 문제를 해결하기 위해 지체되기는 했지만 무창포에 도착할 때까지만 해도 평일의 혼자 여행 기분을 즐기고 있었는데, 막상 무창포에 도착해 보니 바람이 비정상적으로 심각했다. 이러다 타고 온 차까지도 날아가는 게 아닌가 하는 생각이 들 정도로 바람은 미쳐 있었고, 바람에 울렁대는 바닷물은 당장이라도 땅을 짚고 올라설 듯 거칠게 움직였다.

흰 물보라는 제 성질을 이기지 못한 게거품과도 닮았다. 그런 모습을 TV 화면으로 보았다면 차라리 멋있다고 생각했을 것이지만 평온하고 잔잔한 바닷가에서 낚싯대를 펴놓고 여유 있게 시간을 보내려던 나에게는 야속하기만 한 현실이었다.

그래도 바닷가까지 왔으니 아무리 거친 날씨라도 뭔가는 해 봐야지 않겠냐는 오기 때문인지 익숙하게 낚싯대의 미끼를 끼우고 있었지만 불안한 마음은 좀체 진정되지 않았다. 휘청거리는 낚싯대 끝에 매달린 묵직한 납뭉치와 미끼가 불안스레 흔들리는데도 나는 그나마 바람의 영향이 덜한 곳을 찾아 낚싯대를 던졌다.

하지만 초조한 가운데 조급함까지 더해진 날씨 앞에서 뭐든 뜻대로 될 리 없다는 듯 현실은 심술을 부린다. 이런 상황에서 누구를 향해 화를 낼 수도 없으니 생각보다 빠르게 낚싯대를 거둬들이는 손의 민첩함을 감탄하는 게 고작이었다.

거센 바람이 몸을 흔들어 대는 세기만큼 마음도 흔들리고 있었기에 어떤 핑곗거리만 있으면 당장 짐을 싸서 떠나 버릴 준비가 되어 있었고, 날을 잘못 잡은 것은 훌륭한 핑곗거리였다. 무심하게 무거워진 배낭과 낚시 장비가 이제는 거추장스러워 바닥을 향한 중력을 이겨낼 수 있을까 걱정하며 간신히 차에 구겨 넣듯 싣고 나서는 날씨조차 확인하지 않은 어리석음과 이럴 때만 들어맞는 기상예보의 또 다른 배신감에 어이없어 하며 뒤도 돌아보지 않고 차를 몰았다.

내 어리석음은 이제 길눈마저 어둡게 하는지 지나왔던 도로의 갈림길에서 엉뚱한 방향으로 들어서는 일까지 저지르고 말았다. 네비게이션이 시키는 대로 운전해 간 게 틀림없는데, 네비게이션은 이럴 때면 계속 아무런 감정 없이 경로를 이탈했다는 말만 야속하게 되풀이 한다. 짜증까지 더해져 완전히 지쳐 버리게 한 오늘의 해프닝은 허무한 하루의 말미에 끼여 차라리 체념하는 게 이 계절과도 어울릴 듯싶었다.

한때 혼자만의 조용한 여행을 꿈꾸던 나의 발칙한 시도는 날씨에 철저히 농락 당한 듯 허무한 결말로 이어지고 말았다.

이번 계절에도 온통 화려한 색으로 물든 천지에 동참하지 못하는 시간을 아쉬워 하겠지만 그때의 가을만큼은 잊혀져 가는 게 그리 아쉽지는 않을 듯하다.

시골 연습

한때는 가깝게 지내다가 지금은 소원해진 사람이 있다. 마음이 맞아 별거 없는 일에도 마냥 좋기만 하던 때도 있었다. 학교나 사는 동네가 같아서 알게 된 그가 아니었고, 일 때문에 만난 인연으로 그를 허물없이 받아들이다 보니 오랜 시간 가까이 지내온 사이였다.

그와 인연을 맺고 지내면서 한순간 이해관계가 얽혀 공연히 멀어진 적도 있었지만 그로부터 한참 시간이 흘러 예기치 못한 장소에서 다시 만났을 때는 크게 거부감 없이 어제 헤어졌다 다시 만난 것처럼 반가워했다. 오히려 지난 시간을 보상 받으려는 마음으로 이전보다 더 가까운 사이로 지냈다.

오랜 시간 서로를 모른 척 지내 오다 점심을 먹으러 갔던 식당에서 우연히 그를 보았을 때, 같이 간 손님 때문에 긴 얘기는 하지 못했지만 그날로 서로 다시 연락을 하게 됐는데, 언제, 무엇 때문에 그리 오랫동안 연락을 하지 않게 되었는지 가물거리는 기억을 되살리기 어려워 굳이 머리 아프게 따지려고 하지 않았다.

마음을 앞세워 그와 우선 만나고, 함께 나누어 마신 소주 한 잔의 쓴맛은 서로 만나지 않고 지내 왔던 오랜 공백의 허허로움을 충분하게 채울 수 있었다. 이런 우연을 계기로 새로운 인생의 동료가 새로 생긴 듯이 틈만 나면 소주 잔을 기울이며 살아가는 얘기를 주고받고는 했다.

새로운 만남에는 산으로 약초를 찾아다니는 일도 포함되어 서슴없이 함께 동행하여 산을 뒤지며 돌아다니기 시작했다. 산을 다니는 재미가 솔솔했다. 동이 트기도 전에 뭔가 대단한 일을 하는 사람처럼 결연하게 산의 기운에 빌붙어 볼 마음으로 약초를 캐러 무던히 산에 올라 다녔다. 때로는 위험하기도 했고, 길을 잃기도 했으며, 본능적으로 싫어하는 온갖 종류의 뱀과 마주치고, 하마터면 물릴 뻔도 했다.

그래도 힘들게 산에 올라 다니다 보면 나무와 풀이 길을 비켜주는 소리만 들릴 뿐 도시의 번거로운 소음은 잊었다. 땅 속에서 빼꼼히 올라 온 약초를 발견하는 기쁨은 그냥 산을 오르는 맛과는 비교가 되지 않는다. 건강도 좋아지는 부수적인 효과는 말할 것도 없다. 한여름 뿐만 아니라 모든 사물의 움직임이 느려지는 추운 날씨에도 아랑곳 하지 않았다. 그 재미에 나는 한동안 미쳐 있었다.

금산에 오래 전 구입해 놓고 거의 방치하다시피 한 농지가 있는

데, 산에 다니면서 그 농지를 갈아엎고 작물을 하나둘 심어보기 시작했다. 그랬던 건 작물을 수확하려는 욕심보다는 그걸 매개로 밭에 자주 갈 수 있는 핑곗거리로 삼고 싶었기 때문이다. 밭 한구석에 천막도 사다 설치하는 수고로움도 좋았다.

도시의 기온은 높아도 산밑의 밭은 아직도 겨울 같은 날이 많다. 새벽에 배낭을 차에 싣고 어둠이 아직 지워지지 않은 도로를 달려 밭에 도착할 때면 어스름하게 동이 트고, 겨울 날씨에 발목 잡힌 잡초들 위로 하얗게 내려 앉은 서릿발조차 보기에 좋았다. 추위에 적응되지 않은 손에 입김을 불어 가며 천막 안에 쟁여 둔 의자며 탁자를 꺼내 놓고, 삽으로 땅을 고른 후 나뭇가지로 조그만 화톳불을 놓아 쬐는 따뜻한 맛은 해 본 사람만 안다.

거기다 라면이라도 끓이면 세상 부럽지 않은 그 맛의 중독성은 너무도 위험하다. 어떤 것에 중독되면 물러섬이 없고 앞으로 나아가는 일만 생각하게 된다. 우리를 중독시키고 있는 것이 라면이었는지, 아직 순화되지 않은 추위였는지, 아니면 산의 기운이었는지는 아직도 알 수 없지만 어쨌든 지독한 중독에 빠져 지냈다.

그런 중독의 힘은 더운 여름이라고 달라지지 않았으니, 중독의 원인이 무엇인지 자세히 캐내어 보는 일은 사실 큰 의미도 없었다. 중독이라는 이름으로 나아가게 된 곳에는 어느새 보잘 것 없지만 땅에서 돋아난 싹이 꽃으로 피어날 때쯤 밭으로 사람들을 불러다 음식까지 해 먹는 즐거움도 있었다.

이런 시간의 뒤켠으로는 약초로 만들어진 담금주와 효소 담금병이 집 안에 쌓여갔다. 산도라지주, 잔대주, 비수리주, 오디주, 우슬주, 아카시아주, 뽕나무뿌리주를 비롯해 오디, 매실, 우슬, 석류, 솔잎과 같은 재료를 가지고 만든 효소 담금병이 늘어갔다. 이렇게 만든 것들이 남에게는 별게 아닐지 모르지만 그걸 만들어낸 사람에게는 땀과 애정이 고스란히 담겨 있는 것들이어서 남들에게 쉽게 내어 주기가 망설여진다.

산을 다니며 약초를 찾다 보니 아예 약초를 재배하면 어떨까 하는 욕심까지 생기는 건 어쩌면 당연한 수순이었을 것이다. 처음에는 조그만 임야를 구입해서 약초를 재배해 보려고 주변의 산을 돌아다니며 산세를 살피고, 가격을 알아보러 다니는 일에 온통 마음을 뺏겼다.

그러는 사이 약초 재배의 기대감은 어서 토지를 구입해야 한다는 조바심으로 바뀌어 누군가가 던지는 아주 작은 유혹만으로도 땅을 구입하는 일이 현실화되는 건 시간 문제였다.

드디어 부동산 중개업자와 연결이 되고 나니 임야를 구입하자는 당초의 마음은 중개업자의 솔깃한 말에 눈 녹듯 사라지면서 원래부터 농지를 사기로 했던 사람처럼 금산군 부리면에 전답을 구입하는 일이 벌어지고야 만다. 1,100평 정도의 전답이니 그리 작은 면적도 아니다.

처음부터 틀어진 계획은 안중에도 없이 곧바로 작물을 심기 시작하면서 휴식할 공간이 필요하다는데 뜻이 맞아 컨테이너까지 사 들이는 것은 사실 그리 대단한 일도 아니었다. 컨테이너까지 설치해 놓으니 다음으로는 컨테이너 안에 채워 넣을 집기를 구입하는 일에도 주저함이 없었다. 편리한 농기구를 구입하는가 하면 냉장고, TV와 같은 가전제품도 구입하는 생활의 사치도 마음껏 부렸다.

이제 못할 것이 없다는 생각까지 들게 되자 작은 비닐하우스 정도는 세워져 있어야 구색이 맞을 것 같아 결국 어설프게 비닐하우스까지 만들고 나서 전문가의 손을 빌어 농기구를 넣을 작은 창고까지 세웠다.

하지만 시골 마을의 어떤 이들에게는 이방인에게 나누어 줄 애정은 처음부터 없었던 듯 곱지 않은 시선처리가 따갑게 느껴지기도 했다. 시골생활이라고 해서 어느 날 갑작스럽게 나타난 이방인에게 호의를 당연히 품고 있어야 하는 것은 아니지만 때론 그것이 이유 없는 적개심이 될까봐 염려스러워 하면서도 동네의 타협되지 않는 사람들에 의한 텃새라는 이름으로 가해지는 다름의 표현 앞에서 분통이 터지기도 했다.

작물을 심어 놓고 물이 부족해 옆의 논에 있는 조그만 웅덩이의 물을 길어다 쓴 일로 대판 싸움이 일어나기도 했지만 그런 싸움에도 크게 흔들리거나 상처받지 않았다. 부족한 물을 비굴하게 구걸하고 싶지 않았던 마음에 아예 관정을 파기로 하고, 이곳저곳 수소문하여 업자를 소개받기도 했다.

처음에 온 업자는 얼핏 보아도 믿음직스럽지 않는데, 아니나 다를까 불길한 예감은 여지없이 현실로 나타나고 만다. 내가 원하는 장소만을 피해가며 한나절 요란하게 기계소리를 내며 땅을 파는 듯하더니 더 이상 못하겠단다. 황망함에 어이없어 하던 중 다행히 알고 지내는 동생한테서 관정업자를 소개받고 나서야 원하는 위치에 관정을 뚫기 시작해서 오래지 않아 중력을 거슬러 오르는 물줄기에 그동안 답답하던 가슴이 뻥 뚫려 버렸다. 펄펄 끓어오르는 듯한 물줄기를 신기한 마음으로 한참 동안 멍하니 쳐다보아도 지루한 줄 몰랐다.

사람에게 풍족하고 행복한 감정을 느끼게 하는 게 무엇일까 고민하며 장황한 이론을 들이 댈 필요도 없다. 관정업자에게 들인 200만 원의 행복이 있었다. 좋은 것이든 고통스러운 것이든 언제나 내 가까이에 머물러 있게 마련이다.

마치 돌멩이를 굵은 소금처럼 깨놓은 듯한 토질이라 그런지 밖으로 내밀려 올라온 관정의 물은 뿌연 흙탕물이라서 상당한 시간 물을 흘려보내고 나서야 비로소 맑은 물이 나오기 시작한다. 그래서 한동안은 매주 농지에 들러 맑은 물이 나올 때까지 물을 틀어 놓는 일이 먼저였고, 이런 일이 무려 2년 정도나 반복된 후에야 항상 맑은 물이 나오게 되었다.

관정파기로 물을 원 없이 얻게 되고부터는 아쉬울 것이 없게 되고, 굳이 농사를 업으로 삼고 살아야 하는 처지도 아니어서 조급하다는 생각 없이 여유를 부렸다. 물 쓰는 일로 감정까지 상해 관정파기를 했지만 귀농이니 귀촌이니 하면서 농촌으로 들어와 온전한 전원생활을 꿈꾸는 사람들에게 뜻하지 않은 그곳의 배타적인 시선과 부딪쳐야 하는 변수는 의외로 고민거리가 아닐 수 없다.

산으로 약초를 찾아다니다가 약초를 재배해 보자고 시작한 일은 은근슬쩍 농작물을 심는 일로 바뀌었어도 그걸 굳이 지적하려는 시도는 판도라의 상자를 여는 것처럼 두려운 마음이 들어 누구도 약초 얘기는 꺼내지 않고 농사꾼처럼 행동했지만 현실의 농사는 의도한 대로 화려한 결과로 나타나지 않았다.

그나마 첫해에는 무슨 바람이 불었는지 땅이 우리에게 많은 것을 내어 주었다. 김장 배추와 무, 갓, 시금치와 같은 작물을 심었는데, 이게 스스로 잘 자라나 주는 바람에 농사일을 쉽게 생각하여 오만 방자한 마음이 하늘을 찌르고도 남았다. 주변 사람들에게도 적당히 나눠 줄 만큼의 풍족한 수확에 그런 마음이 들지 않는 게 더 이상한 일이었을 것이다. 큼지막하게 자란 김장 배추를 수확하기로 한 날에 비까지 내렸지만 그것마저 하늘의 축복이라는 생각으로 트럭까지 구해 와 주변 사람에게 나눠 줄 배추를 잔뜩 실어 날랐다.

이제 와 생각해 보면 우리와는 무관하게 땅에서 작물이 스스로 자랐다고밖에는 할 수 없었는데도 마치 아주 정교한 농사 기술을 시전한 당연한 결과라는 듯 우쭐한 마음이 가득했다. 아무리 힘든 상황이라도 어떤 마음을 갖는냐에 따라 그것이 고통과 즐거움으로 나뉠 수 있다는 표현은 바로 이때의 내 심정이었다. 비가 내리고 땅이 질척거리는 혹독한 환경이었는데도 스스로의 기특함과 뿌듯함에 세상은 온통 훈훈하고 따뜻했다.

잘 커 준 배추와 무로 김장 김치를 직접 담궈 주변 사람에게 나뉘주는 호기도 부렸던 게 마지막이었다. 다음 해부터는 작물이라고 심어봐야 제대로 자라지 못하는 걸 지켜보면 속이 상하고, 작물이 무탈하게 잘 자라 주기를 바라는 마음으로 퇴비와 비료를 뿌려 주면 그 혜택은 고스란히 잡초에게 돌아갔다.

잡초는 우리가 돌보지 않아도 힘차게 자란다. 원망을 하면 할수록 그 생명력은 세상 모든 것을 영양분으로 삼은 양 기세가 꺾이지 않고 무럭무럭 자란다. 그 생명력에 존경심까지 생긴다. 제때 뽑아 주지 않거나 약을 사용하지 않고 방치하면 나중에는 제초제를 써도 효과가 없다. 잡초의 생명력에 대한 두려움 때문에 농촌 사람들은 그렇게 도시로 빠져나간 것인지도 모른다.

좀 지나친 비약이지만, 버르장머리 없던 민비와 무능하지만 부친인 대원군을 무던히도 무시하던 고종, 고집불통의 면모를 제대로 갖추고 있던 흥선대원군이 나라를 난장판으로 만들어 놓고 있는 사이 일본은 정미칠적, 을사오적과 같은 협력자를 잘도 찾아내서 나라를 통째로 움켜쥐었을 때에도 나라의 진정한 주인인 민초들은 잡초처럼 살아 있었다.

일본은 처음에 그저 밟아 버리거나 뽑아 버릴 수 있는 하찮은 잡초처럼 우리 민족을 생각했었을 것이다. 우리나라를 손아귀에 쥐어 버렸으니 그런 백성이야 쉽게 다룰 수 있으리라 생각했을 것이고, 마음만 먹으면 없애 버리는 일조차 그리 어려운 일이 아니라는 믿음이 있었을 것이며, 어느 정도 그 뜻이 이루어졌다고 생각했을지 모른다. 하지만 그러한 방심의 틈을 비집고 드러나는 것이 바로 잡초와 같은 민초들의 힘이었을 것이다.

　시간이 지나면서 일본인의 마음에는 아마도 예사롭지 않은 자그만 틈이 생기기 시작했을 것이고, 그 틈으로 작은 싹처럼 두려움의 감정이 비집고 나오기 시작했을 것이다. 틀어 막고 아무리 밟아도 계속 자라는 잡초의 습성에 굴복할 수밖에 없었을 것이고, 결국에는 자신이 망하는 길로 들어섰을 것이다.

　그러한 절망감은 나도 그랬던 것 같다. 잠깐 동안 작물보다 웃자라는 잡초를 바라보면 외면하고 싶어지고, 실제로 외면하고 말았다. 무기력해진 나는 작물 재배의 열정이 조용하게 가라앉으며 어느 때는 추위를 핑계로, 어느 때는 더위를 핑계로 주말마다 농지를 찾던 즐거움을 잃어버렸다. 대신 화목난로에 불을 붙이고, 그 불을 바라보는 재미와 얼큰하게 취하는 즐거움이 그 자리를 채웠다.

　내 기억은 그런 즐거움으로 대부분 채워져 있었으나, 항상 함께하려 했던 그의 어두운 그림자를 가끔씩 느낄 수 있었던 게 아쉽다. 말은 하지 않았지만 느껴지는 어두운 분위기는 뭔가 심상찮은 일이지 싶었으나, 내가 함부로 관여할 것이 아니라는 생각에 애써 감추고 꺼내 놓지 않았다. 그런 어설픈 외면의 결과는 언젠가 나쁜 쪽으로 드러나게 마련인가 보다.

　둘이 그렇게 뛰놀던 농지의 컨테이너에서 그는 스스로 극단적인 선택으로 번개탄을 피웠다. 눈이 많이 내리는 그날 그로 인한 금전 피해를 호소하는 지인으로부터 그의 병원 응급실 소식을 듣고 정신없이 달려갔다. 병원 응급실에서 눈의 초점을 잃고 멍하니 앉아 있는 그를 보면서 모든 게 사라지는 걸 느낄 수 있었다. 무로 돌아가 버리는 뚜렷한 느낌이 들었다.

그 일을 빌미로 드디어 천천히 내막이 드러나는 현실은 내게는 견디기 어려운 시간이었다. 금전적으로 이해가 맞물린 사람들은 모두 아는 사실이 나에게는 생소하다는 현실은 내가 도대체 그를 어떤 위치에 놓고 바라봐야 하는지 혼란스럽게 했다. 그도 절망감에 이승과 저승의 경계를 넘나드는 위험하고 철없는 행동을 선택했겠지만 나 역시 그의 행동에 절망했다. 그가 만들어 놓은 그의 어두운 역사에 절망했다.

그가 이렇게까지 무너진 원인을 찾으려 하는 것조차 무의미하겠지만 어쨌든 그의 모든 행동에서 비롯되었다고밖에는 볼 수 없는 사정들, 움켜쥔 걸 놓지 않으려던 집착, 적당한 때에는 미련 없이 놓아 버려야 하는 세상의 이치를 외면한 불통, 강한 것에만 마음을 두었던 삶이다 보니 부드럽고 유연한 것에는 오히려 약하게 된 그의 외곬 기질의 소치인지도 모르겠다.

그가 병원에서 나오고 난 이후 조용히 세상에서 잠적해 버리는 바람에 여전히 풀리지 않은 문제로 주변 사람들의 애를 태우게 하더니 나중에 들리는 말로는 또다시 어리석은 짓을 저질러 뇌손상으로 치매판정까지 받았단다. 이러한 그의 선택에 나는 더 이상 그의 편이 아니다.

그렇게 막막하고 무모하던 시골의 기대감은 이제 그의 못난 행동
으로부터 기어나오는 불안한 기운으로 바뀌어서 그냥 고통스러울
뿐이다.

나의 시골은 그래서 지금도 방치되고 있다. 아쉽다.

세 사람의 여행

2018년 11월 5일 나는 평소 친하게 지내는 두 사람의 형들과 마음을 모아 사람들 덜 붐비는 평일에 여행사의 패키지 상품으로 대마도 여행을 하게 된다. 최소 7살 나이 차이가 나는 두 사람에게서 잠들어 있는 여행의 흥미를 일으키게 하는 데는 약간의 열정이 필요했다. 구청 공무원으로 다음 해에 퇴직을 앞두고 있던 고장난 벽시계 노래 하나로 자신의 풍류를 멋지게 표현하던 형을 꼬시는 것에 성공하자 모든 일에 무한 긍정적이고 열정적이며 자동 제어장치의 전문가인 또 다른 형을 꼬시는 것은 일도 아니었다.

서로 떨어져 있을 때는 끌림에 덤덤하던 감정이 일정 거리에 이르자 자석이 들러붙는 속도처럼 철썩하는 소리가 들리듯 무난하게 세 사람의 여행 계획이 마련된다. 나와 나머지 두 사람의 상당한 나이 차이에도 불구하고 두 사람의 외모가 젊어 보인 탓인지 아니면 내 외모가 두 사람에게 가깝게 다가선 탓인지 동년배 같은 모습을 하고 있다. 지나가는 어떤 사람이 나를 제일 연장자로 여기는 말투에 살짝 당황스러웠지만 나의 그런 당황스러움은 다른 두 사람을 기쁘게 하는지 철없는 친구처럼 해맑은 웃음을 보여준다.

평일의 여행 상품은 일단 저렴하다. 대마도는 제주도의 40% 정도 면적에 불과하다니 구태여 2박까지 할 이유는 없을 것 같아 1박 2일짜리 여행상품을 골랐다.

평일 여행은 비용이 저렴할 뿐 아니라 주말처럼 번잡할 이유도 없어 여유와 편의를 충분히 누릴 수 있는 반면 휴일 여행은 우선 비용도 비싸고 인원도 많이 몰리다 보니 홀대를 받게 된다는 여행 가이드의 농담 섞인 말투는 충분히 일리가 있다. 휴일 여행은 평일보다 많은 금액을 지불해야 하는 만큼 여행객은 가이드에게 이것저것 요구하는 게 많을 수밖에 없기도 할 것이다.

아무튼 우리의 여행은 시작부터 좋을 수밖에 없었다.

2018년 11월 5일 월요일. 대마도 여행을 하기 위해서는 부산까지 가서 배를 타야 하므로 일요일에 대전을 출발하는 저녁 11시 53분 무궁화 열차를 예약해 놓았다. 기차가 출발하기 2시간 전에 대전역 근처에서 만난 세 사람은 여행이 늘 그렇듯이 조금은 들떠서 목소리가 높아지고 말이 많아졌다. 그리고 웃음도 헤퍼졌다.

기차가 출발하기까지 시간이 있어 다소 먼 곳까지 찾아가 소주와 안주를 놓고 이런 저런 얘기를 하며 보내는 시간은 빨리도 흘렀다. 일요일 저녁이라 늦게까지 문을 열어 놓는 식당이 많지 않아서 한참을 헤매다 찾아낸 장소에서 주문에 맞춰 차려 나온 안주를 앞에

두고, 소주 한 잔씩 따라 놓은 우리가 어떤 말들을 주고받았는지 자세히 기억하지는 못해도 여행의 감정은 여전히 우리의 목소리 톤을 높이고 표정을 누그러뜨리기에 충분했다. 헤픈 웃음이어도 남들 눈치 볼 필요를 못 느꼈다.

이번 여행을 위해 여행 상품을 골라 예약을 하고, 대마도에서 먹을 것과 마실 것을 챙기는 일을 수고스럽게 여기지 않았다. 예정된 여행 날짜가 다가오는 동안 마음은 이미 바다를 몇 번씩이나 건너갔다 왔다.

출발하는 날에는 낮시간이 후딱 지나가 버려 정작 집을 나설 때는 부족한 시간에 허덕이기도 했지만 부지런히 여행 가방을 둘러메고 지하철을 타고 가서 두 사람과 만나고, 기차 시간의 여유를 들뜬 마음으로 한 잔의 소주에 집중하고 있었다. 그런 자리의 시간은 역시 빠르기도 하다. 품어 있던 말을 다 내어 놓기도 전에 자리에서 일어나야 한다.

이제 예정된 기차를 타고 3시간 넘게 부산으로 가야 하는데, 소주 한 잔에 혼미해진 영혼은 기차의 불편한 자리라도 아랑곳하지 않고 알지 못하는 사이에 나를 깊은 잠으로 몰아넣는다. 그렇게 길어야 했던 우리의 기차여행은 이런 방법으로 짧아져 있었다. 새벽 3시 8분쯤 부산역에 도착하기로 예정된 기차는 큰 차이를 두지 않고 잘 도착했고, 우리는 새벽의 서늘한 기운을 폐 속 깊이 넣었다가 온기를 담아 내뿜었다.

언제나 느끼는 사실이지만 나는 새벽의 기운을 독특한 냄새로 기억한다. 새벽의 냄새를 좋아하는데 그날도 그런 냄새가 폐부로 들어가며 내 후각을 자극하고 있었다.

부산역에 도착하자마자 우리는 근처의 돼지국밥집을 찾아갔는데, 부산의 돼지국밥만큼은 꼭 먹어 봐야 한다는 마음으로 뭉친 세 사람이 새벽에 국밥집으로 찾아 들어가는 것은 자연스러운 일이었다. 그 시간에 달리 갈 곳도 없으니 돼지국밥집에서 나머지 시간을 때우는 것도 나쁘지 않은 선택이어서 세 사람이 돼지국밥을 한 그릇씩 비워가며 다시 시원한 소주 한 잔과 실없는 웃음으로 이번에는 시간을 길게 즐겼다.

원래 돼지국밥집에서 나머지 시간을 모두 때우려 했으나, 너무 일찍 먹어 버린 국밥과 지루해지기 시작하는 시간은 뭔가 다른 것을 찾아야 한다는 조바심으로 변했고, 그래서 찾아낸 것이 근처의 옛날식 목욕탕이었다.

그 새벽에 다른 손님이 없던 목욕탕을 찾아 들어간 우리 세 사람은 어느 정도 술기운의 힘으로 금방 어린애처럼 놀았다. 욕조를 가득 채운 물은 살갗을 벌겋게 할 만큼 뜨거웠으나 어려워하지 않고 쉽게 뛰어들어 물장구를 쳐대고, 가쁘게 숨을 몰아쉬며 사우나에 널브러져 있기를 반복하는 모습은 어릴 적 시골 개울가에서 한바탕 물놀이를 하다 지쳐 수초가 듬성듬성 자라난 모래밭에 누워 집으로 돌아가야 할 때를 기다리던 그것과 닮아 있었다.

목욕탕에서의 시간이 그렇게 흐르고 나서 노곤한 기분으로 밖으로 나온 세 사람은 새벽 바람으로 더위를 식히며 부산여객터미널을 향해 걸었다. 아직도 따뜻한 온기를 잃지 않고 있던 몸은 조금씩 밖으로 열기를 내보내고 있었지만 역에서 산 커피 한 잔의 따뜻함은 또 다른 편안함을 준다.

여객터미널에서 여행사 가이드를 만나기로 예정된 시간보다 훨씬 앞서 도착했지만 지루하다는 생각보다는 오히려 잠시 편안하고 노곤한 여유를 즐겼다.

그런 여유 끝에 여행 가이드를 만나고 난 후의 시간은 제법 빠르게 흘렀다. 정신없이 이리저리 옮겨다니는 사이 어느새 우리 몸은 배 안에 들어와 있었고, 좁고 불편한 자리에 앉아 배가 출발한다고 느낀 순간부터 특별하게 하는 일도 없이 2시간 30분 정도를 그대로 배 안에 죄수처럼 갇혔다. 이런 때는 잠도 오지 않아 내내 멍하니 앉아 있을 수밖에 없는데, 지루하고 갑갑한 시간의 몸부림을 견뎌 낸 끝에 드디어 대마도 이즈하라항에 도착했다.

일본 땅이라지만 사실 일본 본토보다 훨씬 우리나라와 가까운 거리에 위치한 대마도.

부산에서는 불과 46km 거리인 반면 일본 본토까지는 아무리 가까운 곳이라고 해야 무려 139km 거리라는 지리적 위치를 보면 대마도가 왜 일본 땅이냐는 의문이 들 수밖에 없다. 대마도가 부산과 이렇게 가까이 있으니 예전에 대마도 사람들은 이래저래 먹을 게 없으면 왜구로 변해 부산을 그렇게도 약탈해 왔던 것이다.

일본 본토까지 139km나 떨어져 뱃길로는 본토로부터의 도움을 받기도 어려웠을 것이니 스스로 먹고 살아야 하는 처지의 대마도 사람들이 택할 수 있는 방법이라야 가깝고 비교적 생산물이 풍족한 부산일 수밖에 없지 않았을까?

예전에는 대마도 사람들이 먹을 것을 얻기 위해 부산으로 돌진해 들어왔지만 지금은 우리가 돈을 싸들고 대마도로 돌진해 가고 있는 게 웃긴 현실이 되었다. 먼 선조들이 편 가르며 말싸움으로 허송세월하지 않고 진작에 이 땅을 우리 것으로 만들어 놓았으면 얼마나 좋았을까 하는 생각은 대마도 구석구석을 돌아다니는 내내 머릿속을 떠나지 않았다.

이즈하라 시내를 도보로 걸어 다니는 게 관광 일정이라는데 세 사람에게는 그것도 좋다. 그리 바쁘게 보이지 않는 여유로움이 이즈하라 주변 곳곳에 깔려 있다. 깨끗한 거리와 어느 한 곳도 과함이 없는 환경은 그곳을 터전으로 삼고 있는 사람들의 심성이 어떨지 짐작하게 한다. 거리의 여유만큼이나 우리 일행의 관광 일정도 여유로워진다. 덩달아 급하지 않게 진행되는 가이드의 일정도 만족스럽다.

일본의 5천 엔권 지폐에 그려진 유명한 여류 소설가 히구치 이치요(樋口一葉)의 스승이자 그녀가 흠모했다는 나카라이 토스이(半井桃水)의 기념관과 삼한을 정벌했다는 신공황후 신사인 팔번궁을 둘러 봐야 했다.

그 외에도 이즈하라에는 우리나라 사람이라면 안타깝고 속상하게 숙연한 마음을 갖게 만드는, 대마도 번주 소 타케유키(宗 武志) 백작과 1931년 5월 결혼한 조선왕조 26대 고종의 왕녀 덕혜옹주 결혼 봉축 기념비가 세워져 있다. 두 사람 사이의 소생인 딸 정혜(正惠)마저 생사를 모르게 행방불명 되고, 덕혜옹주 자신도 슬픈 역사의 무게를 견뎌낼 수 없었던지 스스로 치유되지 못한 아픈 영혼에 시달렸다니 마음 한 쪽이 아린다.

이즈하라의 시청 근처에는 박물관 신축 공사가 한창 진행되고 있었고, 우리 일행이 묵을 숙소 바로 앞에서는 도로 포장 공사를 하고 있었는데, 하나같이 얼마나 느리고 조용하게 공사를 할 수 있는지를 본보기로 보여주기라도 하는 것 같아서 낯설다. 공사라면 으레 기분을 상하게 하는 시끄러운 기계음과 함께 뭔가 계속 두드리는 소음이 특징인 우리나라의 처지에 비하면 어쩌면 그럴 수 있는지 신기하기도 하다.

특히, 우리가 묵고 있는 숙소 앞에서 진행되고 있는 도로 포장 공사는 보고 있는 것만으로도 견고해 보였는데, 포장을 하기 앞서 다져 놓기만 한 도로를 일부러 걸어 보기도 했다. 도로 가장자리 이음새를 비롯해서 어느 곳 하나 빠짐없이 섬세하게 작업을 해 놓은 모습이나 그저 다져 놓기만 한 도로의 흙바닥마저 쓸데없이 견고한 상태를 보고 우리나라의 현실과 비교를 하지 않을 수 없게 된다.

저녁을 먹고 난 우리는 근처 티아라몰 식품점에서 회와 초밥 등을 잔뜩 구입해 와 약간은 비좁은 숙소에서 미리 챙겨 간 소주를 마시며 여행의 즐거움을 한 단계 올린다. 일상을 벗어난 해방감과 여유로움에 흠뻑 취한 채 실없는 웃음과 잡담을 주고받는 사이에 어떻게 잠이 들었는지도 모른다.

일본 사람들의 완벽주의에 대한 부러움이든, 질투심이든 그런 감정도 틀림없이 과음의 핑계가 되었던 듯하다. 숙소에서 주는 아침밥이 입안에서 자꾸만 맴돌았다.

아침을 먹고 나서는 관광버스로 대마도 북쪽의 히타카츠로 가는 도중에 간간히 관광지를 둘러보는 일정이 계속되었다.

러일전쟁 때 군함을 숨겨 두고 기습 공격으로 승리를 했다는 사실 때문에 일본 사람들이 그나마 기억한다는 대마도는 나름의 구경거리가 곳곳에 있다.

1900년에 일본 해군이 대마도의 가장 좁은 부분을 뚫는 노력으로 인공해협을 만들어 두 개로 나뉘어진 대마도의 윗섬과 아랫섬을 이은 만제키바시 다리, 1703년에 급격한 기상변화로 좌초된 배에 타고 있던 108명의 역관사(통역관) 일행의 죽음을 위로하기 위한 조선역관사 조난위령비, 우리나라가 가장 가까이 보이는 곳으로 유명하다는 한국전망대, 용궁 전설이 남아 있는 와타즈미 신사, 유일한 백사장 해변을 가졌다는 미우다 해수욕장을 둘러보고 다녔다.

와타즈미 신사 주변의 삼나무와 편백나무 숲길을 걷는 것은 또 다른 여유와 해방감을 느끼게 한다.

이렇게 관광지를 거쳐 북쪽의 히타카츠항에 도착해서 우동과 약간의 김밥, 유부초밥을 점심으로 먹고 나서 돌아가는 배를 탈 때까지는 자유롭게 주변을 돌아다니며 이국에서의 한가로움을 즐겼다. 배가 정박한 항구임에도 그 바다 위에 쓰레기 한 조각 허투루 떠 있는 걸 볼 수 없다는 사실에 놀라움과 질투가 나고, 바닥까지 보이도록 맑은 물은 우리의 현실과 자꾸 비교하게 한다.

부산으로 돌아가는 배를 탄 우리는 여행 끝의 아쉬움을 즐기며 배에서 내려 간단한 출국심사를 거친 후 부산역에서 예약된 기차를 타고 다시 대전으로 돌아왔지만 입안에서는 뭔가 매콤하고 칼칼한 우리나라 음식 맛을 요구하고 있었다.

일본에서의 심심한 음식 맛은 우리 입맛을 아주 가난하게 만들어 버린 모양이다.

이미 오래 전에 어둠이 깔린 대전역에 내린 우리는 곧바로 중앙 시장으로 몰려가 얼큰한 순댓국 한 그릇씩에 다시 한국사람으로 돌아오고 있었다. 여행에서는 이런 통과의례를 거쳐야 비로소 진정한 끝맺음이라 할 수 있다.

연극 소회(所懷)

가끔씩 연극을 본다.

대학 동창의 친동생이 연극 일에 종사 - 지금도 그 동생은 대전에서 소극장 고도를 운영하면서 꾸준히 예술성 있는 연극을 내놓는다 - 하고 있어 때때로 연극 티켓이 내 손에 쥐어지곤 했고, 그럴 때면 염치불구하고 떠밀리듯 공연장의 암전 속에서 눈을 동그랗게 뜨고 있었다.

그 어쩔 수 없는 시간에 다른 생각은 하지 않고 온전히 무대에서 벌어지는 배우들의 몸짓과 말을 통해 조금이라도 감정을 흔들어 줄 무언가를 찾아내려 애썼다. 그러는 사이 간혹 웃음덩이 하나가 훅 치고 들어오면 휘몰아치는 다른 관객의 반응에 나도 끼어들어 저절로 가슴이 시원해지는 느낌이 들기도 한다.

누군가는 웃음코드라는 요소를 예술성이나 작품성을 가볍게 만들

수 있다고 꺼릴지 모르겠으나, 내게 있어 연극이 갖는 가치의 방향성은 그쪽이다. 무거운 암시를 주기 위해 이리 돌고 저리 돌리는 내용보다는 조금은 가볍더라도 웃음터지는 내용의 연극이 더 좋다.

예술성을 가지고 따지려 든다면 철저한 비전문가인 나로서는 별로 반박할 재주가 없어 머뭇거릴 수밖에는 없지만 뭐 어떠랴 싶다. 당장 나를 즐겁게 해 주면 그게 예술성 아닌가 하는 건방진 생각도 해 본다. 예술의 가치도 사실은 어느 시대에 존재하는 어떤 경향의 흐름이라 한다면 내 취향이 좀 다르다 하더라도 그건 내 의식의 흐름이 시대를 잘못 헤매고 있는 것 뿐이지 않은가? 굳이 남을 의식하지 않아도 된다는 얘기다.

아직도 연극을 선택하는 내 기준은 헐벗고 소박하다.

때론 내 의지와 상관없이 이해하기 어려운 연극을 보게도 되는데, 이럴 때면 마음까지 무거워져 내용을 이해하지 못하는 스스로에게 찜찜한 기분을 떨치기 어렵다. 인생이 가벼워지기를 바라는 마음으로 너무 복잡하거나 무겁지 않은 내용에 마음이 끌리는 게 당연한지도 모른다.

연극은 관객을 앞에 두고 배우가 이야기의 내용을 몸짓과 말로 의미를 전달하는 것일 텐데 연극에 현대 문명의 이기를 더한 것이 결국 영화일 것이다. 시간과 무대의 제약을 없애고, 이야기를 전달하는 방식도 훨씬 화려하게 펼쳐지는 영화에 비해 연극은 초라해 보이기도 한다. 하지만 나는 영화의 그 호사스러움을 크게 반기지 않는다.

너무 화려한 화면과 고막을 자극하는 시끄러운 음향으로 잘 포장된 영화의 세계에서는 느끼지 못하는 다른 재미를 연극은 넉넉히 전해 줄 때가 있다. 화려함이 지나치면 금방 지치게 마련인데, 난 잘 지치는 편에 속한다. 그래서 영화보다는 좀 덜 지치게 하는 쪽의 재미에 관심이 있는지 모르겠다. 물론 연극에서도 화려함과 기교가 없는 것은 아니지만 말이다.

오래 전에 본 레미제라블이라는 연극은 무대에서 화려한 불이 뿜어져 나오고 연기자의 풍부한 성량을 고스란히 전해 주는 음향기기의 성능은 영화 못지 않은 묵직한 압력을 전해 준 기억이 생생하지만 모든 연극이 그런 무게감을 갖고 있다면 나는 진작에 지쳐 버렸을 것이다.

그의 어두운 분위기와 무거운 느낌보다는 보는 내내 배가 아프도록 웃게 만든 연극의 좋은 기억은 아직도 남아 있다. 젊을 때 봤던 넌센스라는 연극은 어찌나 웃었는지 아직도 그 경쾌한 느낌이 마음에 맴돈다.

세월이 흘러 내가 관람한 연극의 제목조차 기억도 못하게 된 마당에 굳이 난해하고 무거운 쪽보다는 가볍고 유쾌한 내용으로 스트레스를 놓아 버리는 쪽의 연극을 즐겨 왔던 선택에 후회가 있을 수 없다. 배우들의 열정이 번쩍이는 무대를 바라보는 기회는 내가 지불하는 적은 비용에 비해 의외로 많은 걸 얻게 한다.

가까운 거리에서 느끼는 배우의 세심한 움직임이나 때론 거친 목소리만으로도 연극 자체의 내용과 상관없는 또 다른 재미를 느끼기도 한다. 배우의 감정과 호흡에 공감하는 때도 가끔 있다. 차마 표현되지 못한 몸짓까지도 머릿속에서 그려지는 정도가 되었을 때 시간은 그야말로 잘도 흐른다.

때로 무대에 집중하지 못하게 지루함이 느껴지면 마치 좁은 박스 안에 갇혀 목소리도 나오지 않는 답답함을 느끼기도 한다. 마음은 저만치 앞서가는데 몸이 따라 주지 않는 답답함과 조급증으로 지쳐 간다. 그래서 되도록 무대의 시간을 잊게 하는 연극이 내게는 필요하다.

가족과 뜻이 맞아 연극을 보는 일이 생기면 가능한 유쾌한 내용의 연극을 선택해야 한다.

가족이라는 이름으로 하루하루 지지고 볶는 감정을 견뎌 내는 우리가 애써 머리 아프게 이해를 구하는 내용의 묵직한 연극으로 더 혼란스러운 시간을 만들 필요가 뭐 있냐 싶다. 우중충하고 난해한 연극을 보고 나서 멀뚱하게 서로 얼굴만 바라봐야 하는 상황을 굳이 만들고 싶지 않은 일종의 배려라고 하면 좀 지나친 표현인가?

나는 아직 고도화된 문명인이 아니고, 나의 가족 역시 그렇다고 본다.

때로 사람들과 대화가 끊어지는 순간에는 연극 본 얘기로 눌려있는 어색한 침묵을 헤쳐 놓으려고도 한다. 우리 연배에 영화 관람은 흔한 일이라 새로울 것 없는 소재가 될 수 있지만 연극을 가끔 찾아보는 일을 화제로 삼으면 꺼져가는 대화에 불쏘시개는 된다.

요즘 젊은 사람들과 달리 우리 연배의 사람들에게 던져지는 연극이라는 말은 냇물 위를 떠가는 가랑잎처럼 그냥 지켜보는 하나의 풍경에 불과한 듯하다. 혼자서도 소극장에 가서 연극을 보기도 하는데, 그럴 때면 주위는 온통 젊은 사람들이고, 나처럼 나이 많은 사람이 왜 와서 평균 연령을 확 올려놓는지 모르겠다고 탓하는 소리가 들리는 듯해서 민망스럽기도 하다.

하지만 나이를 먹는다는 것의 좋은 점 중 하나는 그런 민망함도 잘 견딘다는 것이다. 그런 정도의 민망함이 내 마음을 주저하게 하지는 않아서 가끔씩 혼자 연극 공연을 즐겨도 되는 이유가 된다.

무대의 배우처럼 능청스럽게 연기를 할 만한 재능이 없는 나는 새삼 배우들의 그 특별함이 놀랍다.

나보다 나이가 어려보이는 배우의 몸짓과 언어가 그 순간의 감정을 들었다 놨다 할 수 있는 건 분명한 재능이다. 그런 재능을 보여주기 위해 얼마나 많은 노력이 있었을 것이며, 얼마나 지겨운 기다림을 일상으로 살아왔을까? 배우가 무대에서 멋지고 감동적인 재능을 보여주기 위해 얼마나 많은 것을 버렸을까?

나는 도저히 그러지 못한다.

평범한 삶이 좋을 뿐 기약 없는 기다림을 일상으로 삼고 살아갈 자신이 내게는 없다. 어쩌면 평범한 삶이라도 살고 있으니 얼마나 다행이냐 싶은 마음에 덜 평범한 그들을 바라보는 또 다른 재미로 소극장을 기웃거리는지도 모를 일이다.

술에 대한 생각

탈무드에 나오는 이야기 중 술의 기원에 관해 다음과 같은 이야기가 있다.

이 세상 최초에 포도나무를 심고 있는 인간에게 악마가 나타나 무얼하고 있느냐 묻자 인간이 아주 근사한 식물을 심고 있다 말하는데, 처음 보는 것이라 놀라는 악마에게 인간은, 지금 심는 식물에 아주 달콤하고 맛있는 열매가 열리고, 익은 다음에 그 즙을 내어 마시면 아주 행복해진다고 알려 준다.

이에 악마는 그러면 자기도 끼워 달라면서 양, 사자, 돼지, 원숭이를 데려와 그 짐승들을 죽인 다음 그 피를 거름으로 써서 포도주가 세상에 처음 생겨났다는데, 그래서 처음 술을 마시기 시작할 때는 양같이 온순하나, 더 마시면 사자처럼 사납게 되고, 좀 더 마시면 원숭이처럼 춤추거나 노래를 하며, 그보다 더 많이 마시게 되면 토하고 뒹구느라 돼지처럼 더럽게 된단다. 악마가 인간에게 준 선물이 바로 술이라는 것이다.

술의 기원에 대한 이런 신화적인 얘기가 아닌 실제 술의 기원에 대한 기록은, 기원전 4,000년 전부터 메소포타미아에서 포도주를 제조했다고 하며, 기원전 3,500년경 고대 이집트 벽화에서 포도주 유적이 발견되기도 했다는 것이다.

고대 중국의 경우에는 시경에서 누룩으로 제조한 술이 국얼(麴蘖)이라고 기록되어 있고, 우리나라의 경우 술이 처음으로 언급된 문헌은 제왕운기인데, 거기에는 고구려 건국담의 주몽 신화에서 천제(天帝)의 아들 해모수가 하백의 세 딸이 청하(지금의 압록강)의 웅심연에서 더위를 피하고 있는 것에 반해 새 궁전을 짓고 세 딸을 초대하여 취하도록 술을 마시게 하였더니 모두 놀라서 달아났으나 큰딸인 유화만이 해모수에게 잡혀 인연을 맺고 주몽을 낳았다고 기록되어 있단다.

조선시대 이수광이 지은 지봉유설에서는 삼국시대에 미인주를 제조한 기록이 있는데, 이는 입안에서 곡물을 씹어서 만든 술이라는 뜻이며, 삼국시대 때 우리나라의 술을 제조하는 기술이 발달하여 중국의 고서에 그 기록이 많이 전해지고 있다고 한다.

주세법에 따르면 알코올 농도 1% 이상의 음료를 술(酒)이라고 한단다.

당분이 많은 과일을 재료로 과실주를 제조할 수 있는데, 포도의 경우에는 특히 당분이 많아서 과실주를 제조하기에 가장 적합하여 농경시대로 접어들기 전부터도 술을 만들기 시작했을 것이다. 농경

시대로 접어들면서는 곡류로 제조하는 양조주가 생겨나게 되었는데, 곡류에 포함된 전분이 당화 과정을 거치고 나서 알코올 발효를 통해 술이 완성되는 것이다.

술이 생성되는데 가장 중요한 요소는 당과 이스트라는 효모로, 당과 효모가 만나면 발효가 일어나게 되고, 이러한 발효는 효모가 당분을 먹어 치우면서 이산화탄소와 알코올, 열이 만들어지는데, 좋은 알코올이 만들어지는 온도는 32~33℃정도가 적당하며, 이를 넘으면 술의 산패를 초래하여 신맛으로 변해 술을 망치게 된단다.

반면, 산소 공급이 너무 충분한 환경에서는 효모가 당을 완전히 먹어 버려 이산화탄소와 물만 남아 알코올을 얻을 수 없지만 산소가 부족한 상태에서는 효모가 당을 완전히 먹을 수 없어 알코올을 얻을 수 있게 되는 것이란다. 그래서 예전 시골에서 술을 만들 때 술단지를 이불로 꽁꽁 감쌌던 이유가 바로 산소를 차단해서 효모가 당을 모두 먹어 버리지 않도록 하려는 것이다.

우리나라 술의 종류를 소주, 맥주, 청주, 막걸리, 약주로 나누는 경우도 있으나, 크게 양조주, 증류주, 희석주로 나누기도 한다.

양조주는 우리의 막걸리가 대표적이고, 서양의 맥주나 와인도 모두 양조주라 할 수 있는데, 곡물이나 과일 등을 넣고 적당하게 알코올 발효 과정을 거쳐 술이 되면 직접 마시거나 용수와 같은 여과기를 통해 여과하여 마시게 된다. 당분이 높은 포도를 이용하여 발효를 시키면 와인이 되고, 다른 과일을 발효시키면 그 과일 이름의 과실주가 만들어지는 것인데, 보리를 발아시켜 맥아를 만들어 적당한 방법으로 곡류를 당화시켜 발효를 시키면 맥주가 만들어진다.

증류주는 양조주를 만들고 나서 그 양조주에 열을 가하여 증류시켜 만드는 것으로 와인을 증류하면 브랜디가 되고, 맥주를 증류하면 위스키, 보드카 등이 되는데, 우리나라의 안동소주, 문배주, 중국의 고량주가 증류하여 만든 술이다.

원래 양조주를 아무리 잘 만들어도 그 알코올 도수는 20도를 넘어설 수 없는 한계가 있기 때문에 그 도수를 조금 더 높이기 위해서는 양조주를 증류하는 방법을 사용하는데, 증류는 끓는점의 차이를 이용하는 것으로 양조주를 가열하면 알코올의 끓는점이 낮기 때문에 알코올이 먼저 증발하고, 이때 증발하는 알코올 증기를 물 등을 이용하여 냉각시키면 농도가 높은 알코올이 만들어지는 것이다.

희석주는 95% 정도의 순수 알코올인 주정에 물과 단맛을 내는 감미료, 신맛을 내는 산미료 등을 넣어 도수를 낮춰 만드는 것으로 우리가 흔하게 마시는 주류회사의 소주가 바로 그것이다. 전통적으로 만드는 양조주와 이를 열로 증류시켜 만드는 증류주와 달리 희석주는 19세기 산업혁명기에 연속식 증류기를 사용하여 다양한 향기와 성분을 제거한 무미, 무취의 주정을 물로 희석하고, 여러 감미료 등을 섞어 대량 생산한다는 점에서 차이가 있다.

예전에는 소주를 처음 마실 때 소주병을 따고 병목을 손으로 쳐서 윗부분의 소주를 조금 버리기도 했는데, 이는 실제로 주정의 증류기술이 지금처럼 발달하지 않았을 당시에 퓨젤오일이 떠 있기도 했기 때문에 그러한 행동이 근거가 없던 것은 아니었으나, 증류기술이 발전한 현재는 거의 완전하게 순수한 알코올로 농축하므로 그럴 필요가 없다고 한다.

하지만 지금도 소주병을 딴 후에 손가락을 병에 넣어 뜅기든가 병목을 손날로 쳐서 일정량의 소주를 따라 버리는 행위가 술꾼들에 의해 습관처럼 행해지는 모습을 보는 것만으로도 즐겁다.

우리가 술을 마시면 위(胃)와 장(腸)을 통해 흡수된 알코올은 우리의 혈액에 섞여 간(肝)까지 이르고, 간에서는 엔자임이라는 효소를 이용하여 알코올을 분해시켜 아세트알데히드라는 물질을 만들어 내는데, 이 물질은 독성이 있기 때문에 아세트알데히드 분해효소에 의해 다시 분해되어 아세트산과 물로 변해 소변으로 우리 몸 밖으로 나오게 된단다.

보통 정상인이 하루 동안 알코올을 분해할 수 있는 양은 약 160그램 정도라고 하는데, 이를 알콜 농도 16도의 2홉들이 소주로 치면 약 3병 정도, 알콜 농도 4.5도의 500ml 병맥주로 치면 7병 정도에 해당한다고 볼 수 있다.

알코올이 분해되는 과정에서 젖산의 생성이 늘어나는데, 이 때문에 우리 몸의 혈당이 낮아지고 이때 간에 저장된 글리코겐의 양이 낮으면 저혈당이 일어날 수 있다고 하며, 췌장에서의 인슐린 분비에도 영향을 미치고 간에서 당을 충분히 만들지 않게 되어 술만 마시면 혈당이 떨어지는 현상이 나타나는 것도 이러한 알코올 분해 과정에서 나타나는 효과라고 한다.

당뇨 환자가 술을 마시면 췌장의 기능을 약하게 하여 좋지 않다고도 하는데, 이처럼 알코올 분해 과정에서 오히려 혈당을 떨어뜨리는 효과가 있다고 하니 좀 의외다. 그렇다면, 당뇨 환자가 술을 마시게 되면 저혈당이 되지 않도록 약간의 탄수화물이 포함된 안주와 같이 술을 마시는 것도 좋지 않을까?

술을 마신 다음에는 대부분 숙취 때문에 고생을 하게 된다. 숙취가 발생하는 이유는 아직까지 정확히 밝혀지지 않았다고 하는데, 지금까지는 우리 몸에 들어와 간으로 간 알코올이 미처 완전하게 분해되지 못하고 남은 아세트알데히드 때문이라고 알려져 있으나, 술에 함유된 에탄올 때문에 숙취가 생긴다는 말도 있다.

이렇게 숙취를 일으키는 원인으로 아세트알데히드가 지목되고 있으므로 아세트알데히드를 한번에 싹 없애는 약이 있으면 좋겠지만 애석하게도 그런 약은 현재로서는 존재하지 않는단다. 시간이 흘러 서서히 숙취에서 벗어나는 길밖에는 없는 것이다. 다만, 숙취를 일으키는 아세트알데히드를 줄여주기 위해 숙취해소제가 시중에 많이 판매되고 있는데, 이러한 숙취해소제가 작용하는 메카니즘은 알코올이 아세트알데히드로 분해되지 않도록 알코올탈수소효소의 활동을 저해하거나 이와는 반대로 아세트알데히드탈수소효소의 활동을 촉진시켜 아세트알데히드를 더 빨리 분해시켜 몸 밖으로 배출되도록 하는 것으로, 숙취해소제의 대부분은 아세트알데히드탈수소효소의 활동을 촉진시켜 숙취를 줄여주는 것이란다.

완전히 숙취를 없애주는 약이 개발될 수 있게 주류회사는 현재 얼마나 역할을 하고 있는지 궁금하다. 최소한 주류회사는 숙취 없애는 약에 전폭적인 투자를 아끼면 안 된다. 도의상으로도.

술을 마신 다음 날 목이 말라 물을 찾게 되는데, 이는 알코올이 항이뇨 호르몬을 억제하는 역할을 하여 몸속의 수분이 부족해졌기 때문이란다. 항이뇨 호르몬은 우리 몸의 전해질 농도가 높아지는 것을 막기 위해 수분이 몸에서 잘 빠져나가지 않도록 신장에서 수분을 다시 흡수할 수 있게 하는데, 알코올은 이러한 기능을 하는 항이뇨 호르몬을 억제하다 보니 신장을 통해 배출되는 수분이 많아져 몸속의 수분이 부족한 현상으로 나타난단다. 그래서 술을 마실 때는 열심히 물도 같이 마실 필요가 있다.

술을 마시고 나서는 어떤 약이든 복용하는 것이 좋지 않은 이유는, 우리 몸에 들어온 알코올과 약은 모두 간에서 분해되는 대사 과정을 겪게 되는데, 이때 비슷한 대사 경로에 따른 상호작용으로 인해 제대로 된 약리작용 효과를 얻을 수 없을 뿐 아니라 신체의 손상이나 심지어 생명의 위험을 초래할 수 있기 때문이라고 한다.

우리 몸에 들어온 알코올은 간에서 효소에 의해 대사 과정이 진행되는데, 약도 알코올과 비슷하게 대사 과정이 되다 보니 알코올과 약을 함께 섭취하면 대사 효소를 서로 나눠 쓰는 상태가 되고, 이 때문에 대사 효소가 제대로 작용하지 않아 때로는 미처 대사되지 않은 약 성분이 혈중으로 너무 많이 들어가서 실제로는 약을 과다 복용하는 상태가 되기도 하고, 때로는 대사 효소가 너무 활성화되어 지나친 대사 과정으로 인해 약효가 떨어지기도 한단다.

부득이 술을 마시고 나서 약을 먹어야 할 경우에는 몸에서 어느 정도 알코올이 분해될 수 있는 여유를 두는 것이 바람직한데, 사람마다 다르지만 대개 2홉들이 소주 1병을 기준으로 약 3~4시간 정도의 비율로 계산하여 여유를 두는 것이 바람직하지만 위점막 보호와 복원을 위한 위장약과 간을 보호하는 약의 경우에는 술을 마시기 전에 먹어도 괜찮다고 한다.

특히 술을 마시고 난 다음에 숙취로 머리가 아파서 진통제를 먹는 것은 진통제의 성분과 간에서 나오는 특정 효소가 만나 독성 물질을 만들게 되고, 이 독성 물질이 간세포를 파괴하여 간 기능을 손상시킨다고 하니 더욱 조심해야 할 일이다.

한 번쯤 술에 대해 내가 원하는 정보를 정리해 보고 싶어 이것저것 찾아 본 것인데, 쌀쌀해지던 날 어스름 저녁이 깊어질 때면 펄펄날던 시절의 사무실 형들과 마시던 술 한잔이 그리워진다.

추운 날의 풍경

차를 타고 가다보면 의외로 많은 걸 볼 수 있다.

옆을 지나거나 마주 오는 다른 차의 움직임에 무뎌질수록 더욱 많은 것들에 눈뜰 수 있다. 자동차나 기차 안에서 바라보는 기온이 뚝 떨어진 밖의 모습은 그때그때 감정에 따라 크게 달라진다.

추수가 끝나 베인 자국이 선명한 들판에는 덩그런 짚단이 흔적으로 남아 있고, 무수히 밟히던 잡초도 이제 그 생명의 꺼짐 현상 앞에서 숙연하고 초라한 몰골을 감추려 하지 않는다. 이런 삭막한 현실 앞에서 아직도 초록의 빛깔을 내는 것들은 어떤 깊은 말을 하고 싶을까 궁금하기도 하다.

조금 속도가 더해지면 추위를 피해 있던 참새떼라도 후루룩 날아오를 것만 같은데, 아슬아슬한 몇 개의 이파리가 마치 남아 있는 생명의 전부인 양 더 이상은 내려놓지 않겠다는 의지로 몸을 떨고 있는 나뭇가지는 무심한 한 마리에게조차 몸을 허락하지 않으려는 듯 더 앙상한 행색을 주저하지 않는다. 초록의 모습으로 그 많던

잎을 무겁게 달고 있던 당당한 모습은 날마다 말라가는 초라함에 스스로 안타까웠을 것이다.

　고독한 시선이 계속 될수록 찬바람은 거리낌 없이 산발 같은 가지를 흔들어 대는데, 들판에 홀로 고독한 나무 한 그루만으로는 찬바람을 막아 줄 여력 없어 더 가냘프게 외로움을 외쳐 대는 듯하다. 한때는 그리 싱싱하고 짙던 이파리마저 이제는 흔적으로 남아 제 몸을 썩혀 다른 생명의 밑거름이 되기를 주저하지 않으려 하지만 이리 추운 날의 풍경은 그마저도 쉽게 허락하지 않을 것이다. 하얀 서릿발이 오르는 검은 땅은 이미 죽음을 암시하는 그림자를 감추려하지 않으니 바라보는 마음을 더욱 서늘하게 한다.

　추워진다는 건 생명을 거두어 들이는 일.
　누군가에게 또는 무엇인가에 절실하게 도움을 받아야 하는 일.
　던져진 아픔을 그냥은 지나칠 수 없게 만드는 일.
　이제 어느 것 하나의 생명조차 남아 있기는 할까 하는 의문이 들던 말던 대지의 풍경은 이미 다른 생명의 씨앗을 조용히 준비하고 있음에 틀림없다. 항상성은 결코 우주의 질서라고 할 수 없다. 없는 것 같으면서도 있는 것이고, 있다가도 없는 것이 우주의 질서라서 당장 여기에 무엇이 없다 하더라도 거기에는 반드시 존재의 질서가 만들어지고 있으니 종국에는 어느 것 하나도 무의미하다고 말할 수 없다.
　주위에 흩어진 낙엽 하나에도 생명은 그 뜻을 품고 있었고, 아무리 추운 날이라도 지독한 오기와 끈기의 생명력은 자그만 온기가 도는 어느 날인가는 품고 있던 그 뜻대로 다시 초록의 호흡을 조심스레 내뱉게 될 것이다. 그리고 찬란한 숲을 이루고 말 것이다.

매일 허둥지둥 사는 것이 우리 삶의 단면임을 절대 부정할 수 없다면 가끔은 얼어붙을 만큼의 추위도 필요하다. 삶이 잠시 얼어있는 동안에 어쩌면 원래 있어야 할 삶이 준비되고 있을지도 모르기 때문이다. 언제나 피곤하기를 입에 달고 살아왔다면 이런 나에게 추운 날의 풍경은 크게 나쁘지 않은 선택이 될지 모를 일이다.

시간이 마저 흐르고 나면 참 보잘 것 없고 피곤한 열정이었다는 걸 슬그머니 알게 되고, 얻기보다는 잃기가 더 쉬워서 감정의 낭비가 삶의 연륜이 아니었음을 머리로 깨닫기 전에 마음으로 느끼게 된다면 어떤 기분일까?

내 몸이 의지하던 것으로부터 잠시 내려보면 땅 위를 딛고 선 나의 발 아래로부터 올라오는 삶의 힘이 생명처럼 느껴지고, 고장난 나의 이성을 일으키는 추위는 이미 원래의 존재감마저 희미해져 오히려 푸근하게 다가온다. 이제 더 이상 삭막한 감정의 골짜기에 바람은 없으리라. 하루를 살아가는데도 미련이나 아쉬움은 남아 있게 마련이고, 그런다고 내가 막말로 용쓰는 재주도 없는 처지라면 그마저도 원래 내 것으로 여기고 살겠다.

뒤로 이는 바람에 이미 계절 맛을 들인 단풍잎조차 내 생각이 옳다는 듯 땅 위를 오르내리는 비행으로 모두의 시선을 잡는다. 우리는 대부분 너무 지쳐 있고, 그래서 올바른 판단도, 적절한 여유도, 기분 좋은 추억도 모두 부족한 상태로 살아가지만 그래도 그런 삶도 진지하지 않을 이유는 없다.

듬직하지 못한 요망스러움만 있을 뿐 독특한 향은 잃어버리고 남의 향을 흉내 내기에 바쁘지만 무언가를 잊고 살아간다고 느끼는 순간이 오면 누군가의 작은 손길 하나는 삶을 숙연하게 한다.

한편으론 넘쳐나는 삶의 내용물을 쉽게 비워 내지 못하는 우리에게는 가득찬 것이 비어 있는 것만도 못하게 초라해지는 느낌이어서 차라리 추운 날의 모습을 기억해야 하는 이유이기도 하다. 다시 채우기 위해 비워 내는 시간이 필요한 거다. 그런 추위가 지나가고 나면 서로 기대어 보는 데도 그리 커다란 용기를 내야 하는 낯선 세상은 이제 다르게 보일 수 있다.

화려한 하루의 끝에서 어스름한 저녁의 찌그러진 달이 떠오르고, 그때서야 어느 정도 삶의 구속에서 벗어나 차가운 공기에 맑아진 정신을 느낀다. 달은 차가운 이성을 깨우기에 충분하다.

점점 깊어 가는 저녁은 한순간 맑아졌던 내 의식의 세계를 다시 나른하게 만들고, 그 나른함의 끝에서 편안하게 잠을 잘 수 있을 거라는 기대가 기분을 좋게 만든다.

좋은 하루의 꿈은 이미 시작되고 있다.

김장

2018년 11월의 마지막을 향해 달려가는 금요일.

겨울나기 김장을 한다는 날 단단히 준비를 하고 모친의 집에 도착하니 이미 기본 손질이 되어 시원하게 배를 드러내 놓고 눈꽃 같은 소금을 뒤집어 쓴 배추를 물끄러미 바라볼 수 있었다. 배추의 뻣뻣함이 연하게 흐느적거리는 데는 굳이 오랜 세월이 필요한 것도 아니라서 한나절만에 이미 상당한 분량의 물기를 토해 내고 있었다.

그다음 한나절만큼의 시간이 더해지면 완전하게 흐물해져 버린 몸통은 깨끗하고 시원한 물로 씻겨질 준비가 된다. 땀에 젖은 끈적이는 몸을 씻어 내는 듯하다. 조금 모자란다는 생각에 몇 포기의 배추가 새로 들여오고, 그 역시 뻣뻣한 몸이 허물어지는 과정이 뒤따른다. 50포기의 배추를 둘로 나누거나 4등분을 해놓으니 이건 뭐 노동집약적 생고생이 아닐 수 없겠다.

몇 년 전에 금산에 장만해 놓은 농지에서 직접 재배한 배추와 무를 가지고 장난하듯 김치를 담가 본 적이 있었는데, 그때는 안되면 말자라는 퇴로까지 미리 생각하고 있었기 때문에 크게 부담스럽지는 않았다. 하지만 이번에는 안되면 말 수 있는 처지가 아니기 때문에 반드시 맛있는 김치가 되어야 했다.

몇 년 전 한 발을 뒤로 빼놓고 도전해 본 김장은 인터넷에서 정보를 얻어 무채와 마늘, 생강, 골파, 갓, 새우젓, 고춧가루 같은 재료를 소금과 설탕, 마법 소스까지 첨가해 가면서 버무려 새빨갛고 걸죽하게 변한 김장 속재료를 절여진 배춧잎 사이사이에 채워 넣었더니 그럴 듯한 김치가 되었던 기억이 선명하다.

12시간 정도 시간이 흐르고 난 배추는 이제 원래의 꼿꼿한 모습은 없어지고 힘없이 어디든 제 몸을 기대려 한다. 총알이 빗발치는 전쟁터에서 죽도록 헤맨 끝에 간신히 목숨을 건져 탈진한 채 아무데나 쓰러져 버리는 병사 같은 모습이다. 소금기를 씻어 내려면 다량의 깨끗한 물에 그 몸을 담갔다 빼내기를 반복하고, 때론 차가운 샤워줄기도 맞아야 한다. 이 과정을 반복하고 나면 자태가 뽀얘져 비닐이 깔린 바닥에 보기 좋게 줄을 맞춰 뉘어져 물기를 빼내게 된다.

아파트가 아닌 단독주택은 여러모로 김치전쟁을 치르기에 수월하다. 밖으로 낸 수도 덕분에 여러 가지 크기의 고무다라를 죽 펼쳐 놓고 절인 배추의 소금기를 빼내는 일이 쉬워진다. 아파트라면 그런 과감한 장면이 연출되기 어려워 김장을 하려면 절인 배추를 구입해서 김장을 할 수밖에는 없을 것이다.

곱게 씻겨 뉘인 절인 배추들이 소금기를 씻어 낸 물기를 토해 내듯 죄다 흘려 내고 나면 그때부터 본격적인 김장의 시작을 알리는 신호가 된다. 김치 속재료를 만들기 위해 한 해 동안 찬찬히 준비해 온 재료들이 모습을 드러내기 시작한다.

빨갛게 말린 붉은 고추를 방앗간에서 갈아 만든 고운 고춧가루, 장날 탐스럽게 알이 밴 육쪽마늘을 사서 처마 밑에 달아 놓았다가 곱게 찧어 내놓은 마늘다짐, 여행을 핑계 삼아 단골로 찾는 가게에서 미리 사다 놓은 액젓과 새우젓, 저쪽 먼 나라로부터 흘러들어 오지 않았다고 보증되는 천일염, 날씬하게 쭉 빠진 대파와 앙큼한 쪽파, 부드러운 곡선미를 자랑하다 산산히 채로 썰린 무, 이런 자리만 아니었다면 고급스럽게 찻잔에 담겨 맛과 향으로 사람들을 즐겁게 해 주었을지도 모르는 곱게 찧어진 생강, 한때는 화학식까지 써가며 마치 먹으면 큰일이라도 날 것처럼 기피의 대상으로 여겨지던 조미료, 알고 보면 더 나쁜 달콤한 설탕... 이런 것들이 커다란 용기에 마구 쏟아져 한 데 뒤섞이는 과정이 진행된다.

빨갛게 윤이 나는 김장 속재료는 그 자체로도 훌륭한 먹거리가 되어서 김장하는 날은 으레 돼지고기가 한몫을 하게 마련이다. 잘 절여진 배춧잎 한 장, 잘 삶아진 수육 한 점, 그리고 속재료가 얹어진 커다란 쌈을 입이 터져라 밀어 넣고 으적으적 씹는 것이 정석이다. 거기에 막걸리나 소주 한 잔이 더해지면 더할 나위 없다. 춥고

축축한 그래서 더 힘든 김장하기는 이런 것 때문에 그나마 덜 어렵게 느껴진다. 추운 날에 동태찌개라도 준비되면 김장이고 뭐고 그냥 주저앉고 싶어진다.

잠시의 휴식 같은 시간이 지나가면 더 이상 미룰 수 없는 일을 진행시켜야 한다. 절인 배춧잎 하나하나마다 속재료를 적절하게 분배해서 넣어 주고 바르는 일.

소금기를 씻어 내서 뽀얗게진 배추 포기는 빨간 속재료와 버무려지는 사이에 대뜸 김치 맛에 눈을 뜬다. 속재료가 채워진 배추를 내용물이 흘러나오지 않도록 겉 배춧잎으로 전체를 감싸 주면 잘 만들어진 김치 한 포기가 되는 것이다. 한 포기씩 김치통으로 들어가서 쌓이는 김장김치는 보기에도 먹음직스럽다.

숙성의 기간이 조금 지나고 나면 훌륭한 김치 맛으로 변해 입안에서 아삭한 소리를 만들어 내기도 할 것이다. 그렇다고 이제 막 만들어진 김장김치라 해서 맛에서 빠질 리도 없어 갓 지어낸 흰쌀밥에 얹어 한가득 입안에 넣으면 그 짭짤하고 감칠 맛 나는 햇김치는 그대로 잊지 못할 추억이 된다.

김장하는 날 비가 오면 어떠랴.

비가 오면 오는 대로 그 비를 다 맞으며 김장하는 맛이 있다. 차곡차곡 김치통에 담겨진 김장김치는 이제 편을 갈라 각자의 집으로 나눠지면 한 해 밑반찬 걱정거리는 없는 셈이다. 적절히 숙성되었을 때 돼지고기나 고등어를 김치 사이에 넣고 뭉근하게 열을 가해

서 먹는 김치찜이나 새콤하게 끓여 먹는 김치찌개, 하다 못해 식용
유 넣고 볶은 김치까지 입맛을 잃었을 때 해 먹을 수 있는 용도가
너무 많아서 김치는 곧 행복이다는 등가공식이 성립할 수 있다.

비오는 날 김치를 적당히 썰어 넣고 만드는 부침개와 막걸리의
궁합은 도대체 누가 알아낸 걸까? 시작하는 일부터 끝내는 일까지
잔잔하게 해야 할 것이 지나치게 많은, 그래서 그 수고스러움이 지
겹기도 한 김장은 그 맛으로 내년에도 또다시 우리의 수고스러움을
요구할 게다.

점심(點心)

화가 너무 흔하다.

여기저기 사람들의 화내는 모습은 우리의 삶을 퍽퍽하고 불안하게 만들기만 할 뿐 어떤 해결책을 주지도 못한다. 화는 생명체가 그 평온함을 깨고 밖으로 드러내는 보복의 감정에 가깝다.

내 화도 만만치 않다는 걸 안다.

가능하면 평온한 마음을 유지하려 노력하지만 나이와는 무관하게 내 마음 어디에도 끈적한 화가 없는 곳이 없다. 가만히 생각해 보면, 내 마음 속에 붙어 있는 화의 근원도 애초에는 나와 무관했을 것인데, 어느 순간에 온전히 내 것으로 자리잡아 나를 끝없이 괴롭히는 것이다.

지금의 나를 붙들고 있는 괴로움과 갈등은 원래 내 것처럼 자연스러워지기 전까지는 그저 툭툭 털어 버리면 없어질 것이었다. 사람들 사이에서 부대끼다 보면 갈등이 생기고, 의식의 흐름에 합류하지 못하면 외로움이 생기며, 사람의 마음을 이해하지 못하거나 이해받지 못하면 괴로움이 생긴다.

이런 심란한 감정의 덩어리는 하나의 불씨가 되고, 그러한 불씨는 어디든 옮겨 붙는 습성에 따라 의식의 연약한 부분을 파고든다. 일단 사람의 의식으로 파고든 불씨는 좀체 떨어지지 않는 끈질긴 존재가 되어 언젠가는 그 역할에 충실하기 위해 몸을 웅크리고 있을 것이다.

이른 아침의 상쾌함을 불쾌하게 만들고, 하루의 끝맺음을 다시 지루하게 만드는 불편한 마음은 평온하던 감정을 기어이 흩트린다. 마음을 잘 다스려야 한다고 가르치는 선인들의 명쾌한 말은 너무 흔하다.

그러나, 그런 좋은 가르침의 말들이 사실은 사람을 얼마나 지치고 무기력하게 만드는지 모를 것이다.

내가 스스로 마음을 잘 다스릴 수 있을 정도로 성숙한 존재라면 얼마나 좋겠는가마는 현실의 내 모습은 옛 사람의 그 좋은 말대로 마음이 따라가 주지는 못한다. 자기 마음을 스스로 다스릴 수 있는 사람이라면 무얼 걱정하겠는가. 그가 바로 성인이고 득도한 수행자일 것이니 말이다.

평범함을 극복한 성인이나 수행자를 우리가 존경하고 본받고자 함은 그만큼 자기 마음 하나 다스리는 게 얼마나 어려운 일인지를 보여주는 증거라 할 수 있다. 그런 차원이라면 내가 마음 하나 제대로 다스리지 못하는 현재의 모습은 너무나 인간적이다. 그리 손

쉽게 다스려질 마음이면 차라리 그건 내 마음이 아니라 남의 마음일 것이다.

남의 것에는 언제나 가장 혹독하고 엄격한 잣대를 갖다 대면서 그걸 객관적이고 보편적이라는 말로 포장하고 있는 게 우리다. 내 마음을 다스리는 일에 남을 바라보는 마음으로 접근해 보면 누구라도 그리 쉽게 말할 수는 없을 것인데, 세상은 계속 그 어려운 일을 당연한 것처럼 강요하고 있다. 세상 살기가 만만찮은 일이 되는 순간이다.

보잘 것 없는 연약한 존재임을 그대로 인정하기만 해도 평온함을 유지하는데 어려움이 없을 것임에도 의지를 무시하며 나오는 욕심은 갈등을 만들고, 그런 갈등의 강한 휘발성은 주변을 위험에 빠뜨린다. 내 속에 자리 잡고 있는 불씨는 불안하게 흔들리는 감정으로 옮겨 붙어 버리는 순간 폭발하듯 몸집을 부풀리며 여기저기 생채기를 남길 것이다.

길들여지지 않은 불씨는 마치 상처에 뿌려진 소금과도 같다. 외부의 상처라면 차라리 고통스러운 몸부림으로 동정을 사겠지만 마음에서 번진 감정의 생채기는 눈에 보이는 흔적조차 남지 않아 무음의 고통만 있을 뿐이다.

마음 안에 불씨를 품고 사는 나에게는 외부의 사소한 자극에도 민감해질 수밖에 없고, 때로는 생각을 뛰어넘는 과한 반응에 움찔 놀라기도 한다. 악순환이 반복되는 것처럼 이제는 꺼뜨려도 시원찮을 불씨를 도리어 키워 놓는 우스운 꼴이 되고, 그래서 내 존재의 의미가 없어진 하루는 그렇게 지나가고 만다.

나의 온전한 이성을 마비시키기에 충분한 마음 속의 이런 미친 불씨는 이제 하나의 상징처럼 관념으로만 남게 되기를 바란다. 어느 것 하나에도, 어느 한순간에도 내 의식을 깨우지 않고는 제대로 살아갈 수 없는 내가 평온함과 따뜻함을 잃지 않기 위해서는 마음에 조용하고 새로운 불씨를 일으키는 일이 중요하다.

이런 새로운 일을 점심이라 한다. 불붙일 점, 마음 심의 점심이다.

의미에 혼동은 있을지 몰라도 이래나 저래나 점심은 좋은 의미로 쓰인다.

오늘 하루 선한 점심이 되기를 간절히 바라는 심정으로 대전역 근처 식당에서 만나는 동생의 마음에 칼국수와 수육 한 접시로 불을 붙여 볼까 한다.

삶의 방식

여름의 꼭대기에서 더위에 많이 지쳐가며 어지간히 힘들어 했던 기억이 선명한데, 겨울 추위의 고통에 온 근육을 쪼그려 힘들게 옹송그리던 비굴한 모습도 그리 멀게만 생각되지 않는다.

계절에 묻어있는 그 과중한 무게를 알리는 방법은 서로 달랐지만 그것들은 모두 고단함의 다른 표현이다. 슬프게도, 때로는 웃기게도 나의 그런 고단함이 무더위와 추위에만 한정되어 있던 것은 아니었다. 덥고 추운 양쪽의 끝자락에 힘겹게 매달린 기억만 있었을 뿐 언제나 나의 근원적인 고단함은 내 곁을 떠나지 않고 있던 듯하다.

나에게는 고단함의 계절이 따로 있지 않다.

삶의 고단함이 상존하는 현실 앞에 오히려 그런 고단함마저 없다면 상실감이 클 것이다. 그만큼 우리 삶은 고통스런 성질에 익숙하다. 이런 고단함조차 없는 삶을 내가 얼마나 견뎌낼 수 있을까? 삶은 언제나 우리에게 고단한 하루를 예정하고 있으니 그 고단함을 굳이 피할 이유가 없고, 피하기보다는 오히려 하루하루 그걸 느끼는 데서 비로소 내 존재가 인식된다는 데 큰 의미가 있다.

나이가 들면 종종 사물을 새롭게 바라볼 수 있게 해서 나의 고단함은 충만한 만족감으로 드러나고, 나의 우울함은 경박한 세상을 조금 더 진지하게 바라보게 하며, 나의 고독은 시끄러운 관계를 조용히 정리해 주는 훌륭한 변명거리가 되어 준다. 삶은 결코 절대성만으로 되어 있지 않아서 절대 선이나 절대 악이 우리의 삶을 결정하지 않는다는 걸 알게 됐다.

상대성을 가진 선악이 적절하게 뒤섞여 나름대로의 방식으로 존재하는 것이 우리의 삶이며, 그런 방식의 옳고 그름을 우리가 함부로 평가할 수도 없고, 그래서도 안되는 것이다. 누군가를 나쁘다거나 좋다고 평가하는 게 얼마나 주제 넘는 짓인지 항상 경계하고 조심해야 할 일이다.

규범이나 윤리의 가치 앞에서 누군가를 독하게 평가해야 할 때도 있는데, 그런 일을 하는 사람들이 겪는 고통을 어느 정도 이해하고, 더 나아가서는 안쓰러운 생각이 드는 것은 내가 점점 더 깊이 나이를 먹어 가고 있다는 증거다.

이제 나이드는 일을 애석해 하거나 안타까워 하는 사람과는 다르게 생각하는 능력도 생겼다.

살아가는 여유를 조금 알아 간다고 말할 수 있다. 하루가 지나고 한 해가 지나는 동안 살아가는 경험이 쌓여 가는 모습에서 마음이 너그러워지고 느려지고 있다는 착각을 하는 것인지도 모르지만 최소한 이제 어느 정도에서 멈춰야 하는지 느껴지게 된 것은 다행한 일이다.

자식이 어느 정도 자라서 생각이나 시간의 여유를 갖게 되고, 내가 지금껏 의지하고 믿어 왔던 세계와는 조금은 다른 세계를 경험하고 싶은 마음이 일어난다. 이런 마음은 결국 내 몸을 움직이게 하여 여지껏 경험하지 못한 곳까지도 몸과 마음을 들어가게도 할 것이다.

두려움 같은 용기 앞에서 내 삶의 경험은 나를 좀 더 신중하게 만들고, 쉽게 포기하지 않게 하며, 때로 반복적인 일에도 지루하지 않게 하는 힘을 줄 것이다. 그렇다고 지금까지 내 삶의 방식을 아예 다른 형태로 바꾸어 볼 생각은 눈꼽만큼도 없다. 그저 지금처럼 살아온 모습에 한두 가지 관심이 가는 새로운 경험을 조금씩 추가해 보려 한다. 그게 나의 처지와 잘 맞지 않으면 그만두면 되는 것이다.

어느 순간에 새로운 경험이 나와 잘 맞아서 부대끼지 않고 관성의 힘을 얻게 되었을 때에는 벌써 느슨해진 나의 감성을 다시 깨워줄 다른 경험에 다가서고 있을 것이다. 이런 순환의 감성은 나의 삶을 지루하지 않게 하고, 새로운 기대감으로 남은 세월을 견디게 해 주는 큰 모티브가 될 것이다.

사람은 그 삶이 멈춰 있을 때 자신의 존재에 의문을 갖게 마련이고, 그런 의문의 끝에 오는 혼란스러움은 막연한 두려움과 회의를 일으키게 될 것이다. 하루하루 같은 일상이 반복되는 일은 어쩌면 삶이 멈춰있는 것과 같다. 항상 깨어 있어야 할 나의 의식은 의미 없는 시간을 뛰어넘지 못하고 반복된 일상과 엉켜 버려 새로움을 잊어가는 것이다.

현재의 삶을 사는 나는 어떤 틀에 갇혀 얼마나 오랫동안 멈춰 있었을까?

갇혀 있던 나를 깨우고 순간의 벽을 넘어서고 나서야 비로소 많은 것을 내려놓는 일이 쉬워지기 시작했다. 무얼 내려놓는다는 것이 거창한 깨우침을 말하는 것도 아니라서 그저 나의 능력으로 도달하지 못하는 일을 냉철하게 구별하고, 그런 것에는 공연한 욕심을 부리지 않게 되었다는 뜻이다. 돌아보면 혈기가 왕성한 젊은 시절에는 너무 많은 의욕을 앞세워 내 중심으로 움직여지는 세상을 꿈꾸며 살아왔던 듯하다. 그러니 뭐 하나 뜻하는 대로 되어 가는 일도 없었으며, 그런 미완성의 원인이 나에게 있는 줄도 모르고 공연히 내 중심으로 돌지 않는 세상 탓을 하기도 했다.

아직도 완전한 무욕의 마음을 갖지는 못하고 있으나 예전에 비한다면 훨씬 홀가분한 마음을 가졌다 할 것이고, 앞으로 더 많이 흐르게 될 세월 앞에서 내가 얼마나 더 내려놓을 수 있을까 의문을 품는 것 역시 아직도 사물의 가치를 비교해 보려는 욕심이 여전하기 때문이다. 인간으로서 어떤 형태로든 욕심을 부리게 마련이겠으나, 그나마 그 욕심이 선한 것이었으면 하고 바란다. 크거나 많지 않더라도 그냥 만족하는 모습을 그대로 유지하며 살기를 바라고,

편의점에서 산 따뜻한 커피 한 잔만으로도 급하게 끓는 욕심이 다 스러지게 되기를 바란다.

새벽 아침 공기를 데우는 한 잔의 커피는 전혀 고급스럽지 않아도 된다.

그마저도 욕심을 부려서야 될 일도 안 될 게다. 모든 괴로움과 얽매임은 다 내 마음이 일으키는 것이라는 법륜스님의 말씀은 따뜻한 커피 한 잔에서도 예외일 수는 없다.

내 삶의 방식은 이렇다.

고양이 키우기

2015년부터 고양이를 키우기 시작했으니 이제 4년째다.

어느 날 막내딸이 무슨 나쁜 짓을 하고 온 마냥 머뭇거리면서 하는 행동이 이상하다 했지만 설마 고양이를 무작정 데려올 줄은 몰랐다. 개를 키우는 집은 많으니 차라리 강아지를 데려왔다면 의외라고 생각하지도 않았을 것이다. 그런데, 조그만 고양이 새끼가 눈앞에서 꼼지락거리니 그걸 말로 표현하기가 쉽지 않았다.

깔끔한 아내의 성격도 있고, 나 역시 아내의 영향 때문인지 나이를 먹을수록 깔끔 흉내를 내는 터라 가능한 어지럽게 변하는 것을 싫어하는 때여서 스스로 움직이는 무엇이 집을 휘젓는 걸 좋아할리 없었다. 막내딸의 어색한 웃음 뒤에 실려 있는 불안한 마음이 읽히는데도 나는 막내딸이 아내에게 생후 3개월밖에 안됐다는 고양이 새끼를 대뜸 내놓았을 때 아내보다 내가 먼저 안 된다고 나섰다.

그런데, 누구보다 반대를 할 줄 알았던 아내의 반응이 의외였다.

입으로는 안 된다는 말을 꺼내고 있었지만, 자기가 먹이와 물을 주고, 배설물도 치우겠다며 걱정하지 말라는 막내딸의 거짓말에 이미 훌떡 넘어가 버린 것 같았다. 그런 모습으로 뭉이라는 이름으로 불리게 된 암컷 고양이는 우리 가족의 일상 속으로 뛰어들었다.

태어난 지 3개월밖에 되지 않은 암컷 고양이가 당장 무얼 할 수 있는 존재는 아니어서 그저 귀여운 짓만 보여줄 수 있을 뿐이다. 그렇게 아무 것도 할 수 없는, 심지어 자신의 목숨이 위태로운 순간에도 무기력 할 수밖에 없는 연약한 모습으로 뭉이가 가족을 홀리기 시작했다. 모든 생명의 어린 모습은 누구에게나 선한 보호를 일으키게 한다.

딸의 장담은, 즉 자기가 먹을 것도 주고, 배설물도 치워 주겠다는 호기어린 말은 곧 거짓임이 드러났다. 너무도 자연스럽게 어린 고양이의 뒤치닥거리는 나와 아내의 일이 되고 말았다. 그러다가 아내도 그 일에서 손을 놓기 시작해서 이제는 온전히 내 일로 굳어졌다. 뭉의 사료 그릇을 채우고 물통의 물을 갈아 주는 일이며 고양이 전용 화장실을 청소해 주는 일이 뭉과 나에게만 공통된 관심사가 되어 버렸다.

뭉이 먹는 통조림이나 사료, 간식, 화장실 모래가 부족하지 않도록 신경을 쓰는 일도 중요한 일거리다. 가족이라는 비교적 견고한 틀을 비집고 들어오는 일은 고양이에게는 그냥 쉬운 일이어서 자연스럽게 가족의 일원이 된다. 고양이와 3년(이 글을 쓴 시기가 5년 전쯤 되니 지금은 벌써 8년이다) 넘게 같이 있다 보니 이제는 고양이의 습성을 단순히 알아가는 것을 넘어 모든 고양이에 대한 관심을 기울이는 지경까지 이르렀다.

무엇보다 고양이는 호기심이 많아서 조그만 장난이라도 진지하게 받아들인다. 새로운 것에 보이는 고양이의 경계심과 호기심은 언제나 나의 관심과 연결되어 있다. 시간과 공간을 공유한 우리 식구와는 그나마 경계심을 풀고 장난감과 식구들의 동선에 반응하며 먼저 시비를 걸기도 하지만 낯선 사람이라도 나타나면 철저하게 경계하며 숨어 버린다. 눈에 익은 식구 이외의 다른 가족에게는 그 곁을 결코 허락하지 않아 애를 태우게 하는 도도함이 돋보인다.

매일 보던 식구가 아니면 용케도 발소리부터 구분을 하고는 보이지 않는 곳으로 꼭 숨어 나오지 않는다. 어쩌다 숨어 있는 곳을 들켜 잡혀 나와도 결코 마음을 주지 않고 어떻게든 다시 달아나고 만다. 애완견이 주인의 감정에 반응하여 행동하는 것과는 달리 고양이는 온전히 자기의 관심대로 반응하는 시크한 성격을 유지한다.

고양이로부터 먼저 관심을 받기보다는 내 관심을 먼저 주려는 마음을 생기게 하고, 그런 관심에도 아랑곳 않는 고양이의 무심함에 오히려 끌린다. 내가 아무리 귀여워하려 해도 도대체 어떤 기준으로 나에게 다가오는지 그 매커니즘을 파악하기가 어렵다. 어느 때는 애타게 불러도 멀찍이 주변만 돌고 마는 행동을 하다가도 어느새 무심해진 내 곁으로 다가와 자신의 머리를 문질러 대곤 한다. 고양이가 자기 머리 부분을 문질러 대는 행위는 자신의 체취를 남기는 행동이라고 하는데, 아무려면 어떻겠는가?

고양이의 관심을 끌기 위해 먹이나 간식으로 유혹하는 것은 반칙이다. 오로지 먹이나 간식에 대한 관심일 뿐이라서 주인의 마음을 받아 주는 것은 아니다. 고양이의 이런 허튼 관심에도 고양이가 좋은 또 다른 이유는, 스스로 깔끔하려고 애쓰는 것이다. 애완견과 달리 고양이는 아무 데나 배설을 하지 않는 점이 최고의 매력이다. 누가 가르쳐 주지 않아도 기특하게 지정된 화장실에서 배설을 하고 그것마저 꼭꼭 잘 숨기느라 열심히 덮는 행동을 보인다. 천적으로부터 흔적을 지우는 선천적인 행동이라고 하는데, 어쨌든 그런 본능적인 행동까지 좋아한다.

그런 반면에 단 하나 고민은 고양이의 털이다.

고양이가 떨궈 내는 털은 무시할 수 없을 정도로 심각하다. 하지만 털이 빠지는 게 어디 고양이 잘못인가. 그리 털이 빠지는 이유가 있지 싶어 로봇청소기와 끈끈이를 동원해 가며 흔적을 지우려 하지만 역부족이다. 시간이 지나고 보니 고양이 털도 자연스러워지고, 그때그때 잘 치우면 되는 거였다. 조금 더 부지런해지라는 말을 하고 있는 것으로 이해하기로 한다.

다른 집 고양이는 어떤지 모르지만 우리 가족의 삶을 같이 나눠 쓰고 있는 고양이는 신통하게도 밥상에 올라온다거나 사람의 음식을 탐하는 행동을 하지 않아 고맙다. 집안의 음식물 쓰레기를 그냥 두고 나가도 전혀 흐트러짐이 없다. 집안의 화장지나 종이류를 발기발기 찢어놓는 행동도 없다. 사람이 없으면 도통 뭘하고 시간을 보내는지 짐작하기 어려울 만큼 집안이 그대로 유지된다.

간혹 씽크대 서랍을 열어 놓는 묘기를 흔적으로 남겨 놓는데, 나중에 하는 짓을 보니 앞발을 씽크대 서랍 위쪽에 걸치고 앞으로 잡아 당겨 서랍을 열고 있었다. 이렇게 열린 서랍 안에 물건이 잔뜩 담아져 있는 걸 본 고양이는 더 이상 딴 짓으로 진행하지 않고 돌아서니 다행이다.

한동안은 집 소파와 의자의 연약한 가죽 부분을 부지런히 발톱으로 뜯어 대는 바람에 온통 소름 같은 돌기모양의 흔적이 아직도 남아 있지만 그때마다 내뱉는 내 강도높은 경고와 험악한 인상을 보고는 더 이상 가구에 상처를 내는 일도 그만두어 기특하다. 지금은 다행스럽게도 온전하게 스크래치 발판에서만 발톱을 뜯어 댄다.

우리 가족의 삶에 은근하게 끼어든 고양이로 인해 하루 종일 혼자여도 혼자가 아닌 듯 지낸다.

가족들이 모두 외출하고 나 혼자만의 느긋한 주말을 즐기고 있는 것 같지만 사실 뒤에는 언제나 그윽한 눈빛으로 바라보는 뭉이가 있다. 이왕 인연을 맺었으니 오랫동안 아프지 않고 평탄하게 같이 살았으면 한다.

아직 뭉의 관심을 끄는 방법이 궁금한 나는 오늘도 그 묘함에 빠져 헤어나오지 못한다.

새벽의 즐거움

　동이 트기 전에 깊어진 가을 새벽 찬바람은 시끄러운 소음이 없어 좋다. 모든 것을 충분히 가라앉게 하는 힘을 가진 새벽의 기운은, 나 이외의 어느 누구도 깨어 있지 않다는 엉뚱한 착각을 일으키기도 한다.

　하루가 지나면 또다시 그런 새벽의 기운이 올 것을 알면서도 이 새벽의 기운은 어쩐지 특별할 것만 같은, 그래서 누구의 간섭도 용서하지 못할 것 같은 나만의 공간으로 만들고 싶다. 새벽의 공간은 어릴 적 다락방 세상과 같은 의미가 되기도 하여 그 공간으로 아무리 많은 이들의 기억을 불러들여도 부족함이 없다.

　시간이 지남에 따라 점점 엷어지는 새벽의 기운을 마냥 아쉬워만 하고 있을 틈이 내게는 없다. 부지런히 자세를 가다듬고 머릿속의 잡념도 비워 내어 그 기운을 조금이라도 더 머물게 할 여지를 만들어야 하기 때문이다. 내일이 오늘과 같은 모습의 단순한 일상은, 하루를 겸허하고 소중하게 살아 내지 않는 사람에게는 지나간 아쉬운 흔적일 뿐이다.

내가 새벽 운동을 시작한 지는 꽤 오래 된다.

젊었을 때부터 이런 저런 운동으로 몸을 움직이는 일을 게을리한 적은 없다. 그런 여러 가지 운동 중에서 지금까지도 계속 해 오고 있는 운동이 새벽에 하는 헬스다. 규칙적으로 새벽에 일어나 헬스장 문을 열자마자 거의 첫 번째로 들어가게 된 지 벌써 20년이 훨씬 넘었다. 여름이건 겨울이건 항상 거의 동일한 시간에 헬스장을 찾는 일의 부수적인 효과가 바로 새벽을 즐기는 감성이다.

나이가 들수록 새벽 운동을 나가는 시간보다 훨씬 전에 일어나게 되고, 아침밥까지 꼬박꼬박 찾아 먹고도 남은 시간에 책을 읽거나 뭔가를 외우는 일에도 힘을 쓰려고 노력한다. 이런 새벽 습관은 오랜 기간을 이어져 온 것이라 내 삶의 큰 부분을 차지한다.

젊을 때 술도 많이 마셨지만 헬스장에서 실컷 운동을 하고 땀을 흘리고 나면 숙취까지 달아나는 상쾌함을 즐겼다. 거기에 헬스장에서 스쿼시 운동도 함께 배울 기회가 있어서 그 재미에 빠져 몇 년간 격렬한 운동을 능숙하게 하던 때도 있었다. 헬스장 등록을 하는데, 당시만 해도 생소한 스쿼시라는 운동까지 배울 수 있다고 해서 꽤 많은 비용을 들였던 기억이 있다.

그때는 젊고 체력도 좋았기 때문에 일이 끝나고 저녁에 헬스장에 들러 런닝머신에서 뜀박질을 하고 있다가 스쿼시 강습 시간이 되면 헬스장 측에서 등록기념으로 준 싸구려 스쿼시 채를 들고 까만 공을 쫓아다니느라 온통 땀으로 범벅이 되면서도 그 재미에 빠져들곤

했다. 국제 규격에 맞춘 스쿼시 구장 안에서 약 10명 정도의 초보자들은 순서대로 강사가 연습용 공을 벽에다 쳐 주면 열심히 쫓아가서 쳐 내느라 아주 초죽음이 된다.

강습이 끝날 때쯤이면 숨은 이미 턱까지 올라와 있고, 부족한 산소를 어서 공급해 달라고 아우성치는 내 몸은 허공을 들썩였다. 테니스보다 훨씬 운동량이 많다고 할 정도로 엄청난 체력을 소모하는 운동이다.

3개월 동안은 강습을 제대로 받아야 경기를 할 수 있을 거라는 강사의 말은, 그만큼 실력의 편차가 크다는 것이다. 3개월 동안 꼬박꼬박 강습에 참여하고도 실제 경기에 들어갔을 때는 단 1점도 얻지 못했는데, 잘 하려면 스쿼시 강습을 제대로 받고 무조건 많이 경기를 해 보는 수밖에 달리 도리는 없다. 한참 경기력이 늘어 갈 무렵에 아는 후배가 헬스장 등록을 하고 스쿼시 강습까지 마쳤다며 시합을 제안했을 때 난 단 1점도 내주지 않고 경기를 끝낼 만큼 시합 경험이 중요한 운동이다. 어려운 운동이어서 그 매력에 미친 듯이 빠져 들었는지 모른다.

어느 정도 실력이 늘어 가면서 본격적으로 시합을 하며 그 재미를 즐기게 되자 안면을 익힌 사람들과 새벽에 매일 헬스장에서 시합을 하는 재미가 있었다. 아마도 이때부터 본격적인 나의 새벽 생활이 시작되었던 것 같다. 아무리 늦게까지 술을 마셔도 새벽에 일어나 헬스장으로 가는 수고를 마다하지 않았고, 얼마나 열심히 재미를 들였던지 당뇨병 증상을 느끼지 못할 정도로 운동에 빠져 있었다.

그러다가 12월 31일 한 해가 끝나는 마지막 날 무주스키장을 찾아 야간스키를 즐기다 그만 얼어 있던 눈 위에서 스키가 미끄러지는 바람에 좌측 전방십자인대가 파열되는 사고를 당했는데, 수술을 하려는 과정에서야 비로소 당뇨 수치가 상당하다는 사실을 알게 될 정도로 스쿼시 운동에 열심이었다.

3년 정도 스쿼시 운동을 계속해 왔었는데, 새벽에 스쿼시 운동을 같이하던 사람들이 만든 모임의 이름이 새벽닭이다. 새벽닭이라는 이름으로 함께 스쿼시를 즐겼던 사람 중에는 아직도 연락을 하며 지내는 동생도 있다. 그때 같이 시합을 하던 다른 사람들도 연락을 하면 모두 반가워하지 않을 까닭은 없다.

이렇게 운동을 하면서 새벽 그 자체의 맛에 조금씩 중독되어 가고 있었던 듯하다.

추우면 추운 대로, 더우면 더운 대로 새벽에 나서는 일은 전혀 거부감이 들지 않았다. 스키 사고 이후 더 이상 격한 운동은 하지 못하는 게 당연한 것인지도 모르고 6개월 동안의 병원 치료를 끝내고 잠시 예전의 욕심으로 스쿼시 채를 잡았다가 삐끗하면서 곧바로 이건 아니라는 생각이 들어 스쿼시와 손절하고, 스키 역시 한동안 다니기도 했으나 그마저도 다시 사고가 날 것 같은 불안감에 가만히 그만두었다. 지금도 스키 장비와 스쿼시 장비는 고스란히 창고에서 짐짝이 되어 있다. 안타깝지만 어쩔 수 없다.

그래도 제대로 건진 거 하나는 바로 새벽의 즐거움을 알게 된 것이다. 내가 즐기는 새벽 공기에는 독특한 냄새가 들어 있다. 거칠게 즐기던 새벽은 날이 갈수록 부드럽게 변했고, 그러는 사이에 새벽의 독특한 냄새를 구별하는 재주가 생겼다. 쌀쌀한 새벽에는 가끔씩 탁하고 매운 냄새가 맡아지는데, 그런 냄새는 내 막막했던 젊은 시절 군대생활을 생각나게 한다. 지금도 새벽의 그런 탁하고 매운 냄새에는 그때의 그리움이 얹혀 있다. 여름의 새벽에는 의외의 청량한 냄새가 나곤 한다. 낮이 아무리 더워도 새벽에 나만이 느끼는 그 독특한 냄새를 좋아한다. 그럴 때면 두 팔을 벌리고 눈을 감은 채 가슴을 내밀어 새벽 공기를 양껏 폐 속으로 들여보내 본다. 게다가 그런 냄새에 끼어드는 새소리라도 있으면 이 세상을 살고 있는 가치에 흠뻑 젖어 들어 헤어나오기 힘들다.

비가 오는 새벽의 냄새와 눈이 오는 새벽의 냄새도 서로 같지 않다. 비가 오면 표현하기 어려운 그리움의 냄새가 나는 듯하고, 눈이 오면 기다림의 냄새가 모락모락 올라오는 듯하다. 이렇게 새벽의 냄새를 즐기는 가운데 나이가 들었다. 나의 즐거움이나 여유, 심지어 걱정거리나 근심마저도 지나간 새벽은 고스란히 알고 있다. 낮이나 밤 동안의 모든 일은 새벽을 거치면서 비로소 그 가치와 의미가 찾아온다, 내게는.

마치 비밀의 문을 열기 위해 열쇠를 맞추는 것처럼.

살아오면서 새벽에 일어나 있는 시간을 즐기는데 지루해 본 적은 없다. 격하지 않은 운동으로 몸의 긴장을 풀고 근육 상태를 유지하려고 애쓰다가 샤워를 하고 나오는 때가 돼서야 비로소 즐겁지 않은 현실로 돌아오는 기분이다. 오늘도 회색의 빛으로 태어난 하루가 이렇게 시작하려 한다.

저녁 쯤에는 혼자서도 술을 맛나게 마실 줄 아는 대학 후배한테서 전화가 와도 좋을 것이다.

별스런 생각

어느 사인가 밤하늘의 별을 쳐다보는 일이 드물게 됐다.

특별히 쳐다볼 만한 별을 찾아보기도 어렵고, 아무리 눈을 씻고 찾아보려고 해도 기껏해야 몇 개의 별을 쳐다보는 것이 고작이라서 아예 관심도 두지 않게 된 듯하다. 어쩌면 당연히 있어야 할 그 자리에 이제는 아무 것도 보이지 않는 그저 깜깜한 그곳을 누군들 당당하게 쳐다볼 용기가 있겠는가.

고개를 젖히고 밤하늘을 보는 일이 지금처럼 어렵지 않던 기억을 가진 우리에게 현실의 우리 모습은 심상치 않다. 차라리 볼 수 없다는 답답함을 저미는 아픔처럼 느끼기라도 한다면 우리 모습을 되돌아 볼 여지라도 있으련만 우리는 이제 별빛이 사라진 깜깜한 밤하늘에 잘도 적응해 버렸다. 어두운 하늘은 점점이 빛나는 별빛이라도 품어야 그렇게 오랜 세월 동안 인간들이 만들어 낸 온갖 신화의 주인공이라도 불러낼 수 있을 텐데 현실에서의 우리는 애써 외면하는 방법으로 그 꿈마저 삭여 버렸다.

밤하늘의 모습은 지금의 우리 현실과 닮아간다. 우리는 밤하늘의 간헐적인 몇 개 별빛만 가지고도 별이 빛나는 밤하늘이라 호들갑을 떨 듯이 우리가 사는 작금의 현실에서 조그만 긍정의 빛만으로도 너무 큰 희망을 말하고 싶어 안달난 모습에 살짝 당황스럽다. 갇히고 어두운 현실을 부정만 한다고 자유로워지는 것도 아니듯 잠시 흐려진 현실의 어둠이 있다 하여 그것이 곧바로 헤어나오지 못할 암흑이라고 단정해서도 안 된다. 현실은 현실 그대로 보는 여유가 있어야 한다. 조바심을 내지 말고.

지금까지 우리는 너무 영악하게 살고 있다.

밤늦게 일을 하다가 또는 가끔씩 아는 사람을 만나 술 한잔을 마시고 집으로 가다가 아무 것 없는 밤하늘에 무심한 시선을 보낼 때가 있다. 그러나 시선의 끝에 들어오는 밤하늘에서 어떤 의미나 편안함을 찾을 수는 없었다. 그저 무심히 시선을 달리 둘 곳이 없어 위를 올려다 볼 뿐이다.

같은 패턴으로 반복되는 하루를 보내다 보면 계절이 지나가고, 때로는 바뀌는 계절이 아쉬워 발악 같은 모습으로 배낭을 둘러 메지만 이마저도 형식이 되어 버린 건 아닌지 의심이 든다. 스스럼 없이 자신의 푸른색을 내어 준 자리에 수줍은 듯 들어서는 붉어진 자국 같은 강렬한 임팩트가 내겐 부족하다.

강렬하게 마음을 일으켜 사물을 바라보거나 현상을 받아들이지 못하는 내가 아직은 어리석다. 하늘을 쳐다보며 눈으로 들어오는 것에 아무런 자극을 받지 못하는 매우 평범한 한 인간이 여기에 살고 있다.

이제는 높은 산 정상에 올라서야 볼 수 있다는 밤하늘의 선명하고 촘촘한 별빛 무리들.

자칫하면 아래로 와락 쏟아지는 건 아닌가 걱정할 만큼 지나치게 빼곡한 별빛의 황홀경은 어릴 적만 해도 굳이 산 정상을 향하지 않더라도 흔한 일이었다. 이미 해가 떨어져 깜깜해진 시골의 한적한 신작로에서 버스를 기다릴 때 머리 위에는 별들이 물처럼 흐르고 있었고, 달모양이 온전히 비치지 않을수록 별들은 더욱 거세게 흘렀다.

어둠이 전부인 세상에서 저 멀리서 깜박이는 불빛이 보이기를 기다리는 지루함은 고개를 쳐들고 하늘을 보는 것으로 잊었다. 어둠에 익숙해진 동공은 커질 대로 커져서 아주 작은 불빛 하나에도 민감하게 반응하니 어린 두 눈에 들어오는 밤하늘의 별은 얼마나 화려했을까?

이럴 때는 자주 오지 않는 버스를 원망하지 않아도 되었다.

신작로의 먼 곳에서 보이는 조명과 신작로에 깔린 자갈을 헤집어 놓는 소리는 이제 되었다는 신호가 된다. 미처 동공이 작아지기도 전에 성큼 다가온 낡은 버스가 뱉어 내는 달달거리는 소리는 밤하늘의 황홀경을 여지없이 깨뜨리기 좋은 도구로 변한다. 그 넓었던 시야는 이제 좁디 좁은 버스 안으로 작아져 혼탁한 냄새와 어색한 정적으로 뒤범벅 되고 만다. 밖의 어둠을 떼어 놓고 달리는 버스의 안간힘이 안쓰럽고, 두 눈에 맺혀 있던 그 수많은 별빛은 이제 조용히 가슴으로 내려온다.

혼란한 시간이 그렇게도 많이 흘러 버린 오늘에서는 도심의 불빛이 땅으로 내려앉아 화려했던 과거의 별빛을 대신한다. 내 다음 세대는 도심의 화려한 불빛을 별빛처럼 기억하게 될 것이다. 우리는 도심의 불빛에 취해 더 이상 고개를 젖히고 밤하늘을 쳐다볼 용기를 잃었다. 때론 미치도록 허허로운 밤에 두 눈으로 채우던 별을 그리워한다.

밖의 불빛만으로는 결코 가셔지지 않는 그리움은, 이제 더 이상 마음으로만 별을 품고 살 수 없다는 별스런 생각도 해 본다.

우리가 사는 모습은

오늘을 사는 내 모습이 때로 궁금해 질 때가 있다.

이는 타인이 나를 바라보는 시선을 의식한다는 말로 들릴 수도 있지만 달리 말하면 스스로를 바라보는 시간이 필요하다는 의미로도 볼 수 있다. 지금 어떻게 살고 있는 건가 하는 의문은 항상 내면의 갈등을 일으키는 고민거리지만 이런 고민의 끝을 따라가면 내 현세의 욕심과 연결되어 있다.

드라마 한 장면 속 바닷가 풍경이나 낯익은 시골 풍경의 허름한 집 한 채를 항상 마음 속에 그려 놓고 너무 주체하지 못하는 감성에 빠져드는 일이 반복된다면 우리가 얼마나 메마르고 삭막한 세상으로 내팽개쳐져 있는지 돌아볼 기회다. 하루를 지독하게 살아야만 삶이 온전할 것 같은 조바심에 익숙해져 있는 우리의 모습은 세상의 벼랑으로 밀려 있다는 말이 결코 과장된 표현은 아니다. 그런 지독한 조바심 속에서의 즐거움이라고 해 봐야 마치 부정한 댓가로 즐기는 불안한 사치에 가까울 것이다.

자기에게 향하고 있는 독한 모습을 혼자만 고스란히 담아 두기엔 영혼의 근질거림을 잠시도 못 견뎌하는 우리는 알게 모르게 주변에 독을 뿌려 대며 마음을 달래려 하지만 정작 이러한 모습의 최대 피해자는 우리와 가까운 사람일 수밖에 없다는데 문제가 있다. 우리와 가까운 사람일수록 맹목적으로 때로는 무모하게 우리의 독한 모습을 그대로 떠안는 희생으로 나타나기 쉽다.

우리도 모르게 또는 의도치 않게 가까운 사람들에게 상처를 입히면서도 우리는 그도 좋다고 말한다. 우리에겐 독하게 살아야 하는 현실이 있고, 그러한 삶의 방식을 강요하는 것이 올바르다 생각하는 역설적인 처지로 사는 것이다. 우리가 살아가는 모습은 깜깜한 밤에 방향을 잃고 헤매는 것과 다르지 않으며, 현실의 막막함을 털어 내지 못한 채 하릴없이 불안한 시간을 보내도 누군가 도와 줄 손길이 없다.

그러다 살아가는 방식에 어느 정도 익숙해졌다 느낄 때가 돼서야 비로소 암담하고 막막한 무게에 눈을 뜨고, 비명과도 같은 몸부림으로 그동안의 무지를 털어 내고 싶지만 노후된 배관 속의 찌꺼기처럼 쉽게 제거되지 않는 삶의 방식은 우리를 또다시 번민하게 한다. 다른 모습으로 살고 싶다는 외침은 공허하게 반복될 뿐 그 울림이 우리의 변하지 않을 의지로 자리잡기까지는 지난한 시간이 필요하고, 그나마도 시간이 공간을 아무리 채워도 거기에서 모두 새로운 싹이 틔워진다는 보장도 없다.

지나는 바람 한 조각에도 중심을 잃는 풍선인형처럼 또는 생일케익 위에 꽂아둔 가느다란 불꽃처럼 이리저리 흔들리는 삶의 불안이 무섭다. 아이러니하게도 독한 삶을 벗어나기 위한 우리의 몸부림은 또 다른 독한 모습으로 다시 나타나기도 한다. 독하게 사는 삶과 이를 처절한 몸짓으로 벗어나려는 우리의 태도는 서로 닮아 있기에 우리의 삶이 쉽게 바뀌지 않는다.

하루하루를 살아 내는 반복의 역사에서 어느 날 문득 가슴이 휑하니 뚫려 있는 삶을 발견하게 되면 뜨거운 불에 데인 연한 살갗의 통증처럼 고통스런 의식의 깨우침에 몸부림칠 것이다. 이런 때는 꼭 무기력과 공허감, 존재의 허망함 같은 온갖 못되고 부정적인 감정도 덩달아 날뛰게 마련이다.

추운 겨울을 이겨 내고 따뜻한 봄에 기대어 두터운 겉옷을 벗어 버리는 계절이 찾아오더라도 우리의 삶이 아직도 춥기만 하다면 웅크리지 말고 그런 감정들과 정면으로 대화를 시도해 볼 필요도 있다. 그것이 더 깊이 상처를 입지 않는 방법이라면 말이다.

옷깃을 여미는 추위를 등지고 화롯가에 둘러앉아 불쏘시개를 뒤적거리는 모습이 애처롭다 말하기 전에 이미 정해진 조건대로 우리 몸의 온기를 지켜 주는 도시의 생활이 우리의 불편을 더 깊게 만들거나 우리의 고민을 더 늘려 놓고 있는 건 아닌지 살피는 기회가 될지도 모른다. 우리의 풍요로움 속에서 화롯불을 끼고 살던 모습의 흔적이 아련한 이때, 언제까지나 그 모습을 기억의 한편으로 걷어 두고 살 만큼의 용기도 크게 없는 우리는 시대의 방랑자이며, 영원한 구경꾼이 될 수 있다는 두려움을 항상 가슴 한구석에 묻어 둔 존재가 아닌가 한다.

그럼에도 아주 조그맣고 희미하지만 긍정의 힘을 가진 다름의 기회가 우리의 지독한 삶의 틈새를 비집고 나타날 것이라는 기대를 포기할 수 없고, 비록 여전히 많은 것을 변하게 하지 못하더라도 지쳐 있는 우리에게 작은 용기라도 줄 수 있으면 그것으로 충분히 만족스럽다 말할 것이다.

잠시라도 지독한 삶의 고통 속에서 벗어나게 하는 그 기회를 발판으로 다시 용기를 내어 여전히 저녁의 해지는 모습을 바라보거나 행여 쏟아질까 걱정되는 밤하늘의 촘촘한 별들을 다시 바라보려 할 것이고, 어설픈 지식을 구겨 넣듯 쌓기보다는 혼자 배낭하나 메고 여행을 떠나 보려 할 것이다.

삶을 돌아보는 모습이 부끄럽지 않고, 겸손의 손을 덥석 잡더라도 나약하다 말할 수 없다.

삶의 방식이 거칠어질수록 우리는 돌아보는 시간을 통해서 영혼을 순화시키고 생명의 숨소리를 다시 듣도록 애써야 한다. 밖에서 흐르고 있던 계절의 흔적이 우리의 삶에 낙인처럼 스며들고 있을 때 부끄럽게 헐벗은 우리의 영혼에 따뜻한 입김을 불어넣어 줄 수 있는 건 오로지 겸손하게 비워진 마음 뿐이다.

우리의 삶이 독하게 변한 것은 바쁘고 여유 없는 현실에 성급하게 마음도 따라왔기 때문이다.

새로운 것을 받아들이기도 바쁜 여유 없는 삶에 어찌 옛 것인들 온전히 받아들일 수 있을까마는 그래서 우리는 계속 비워 내기에 많은 정성을 들이지 않을 수 없다. 비워 내는 노력을 여전히 실천하는 우리의 자세야말로 지금까지와는 다른, 그나마 다행스러운 삶을 우리에게 보여주게 될 것이고, 더 나은 삶의 길목에 서 있게 할 것이다.

노자 도덕경에는 道沖而用之或不盈(도충이용지혹불영)이라는 말이 있다. 도는 비어 있는 것 같으나 아무리 써도 끝이 없다는 말이다.

이러한 노자의 말은 비어 있어야 비로소 무엇이든 채울 여지가 있는 세계를 말한다. 비어 있다는 허(虛)는 용도에 맞게 쓰임이 있다는 것이고, 우리의 사는 모습도 비어 있어 그 속에 담아 둘 공간을 허락하는 삶이어야 한다는 것이라고 말하면 잠자던 노자가 슬며시 일어나 웃으려나?

대마도 자유여행

몇 번 대마도 여행을 갔다 와서 이번에는 여행사를 통해 배표만 구입하고, 나머지 일정은 모두 내 마음대로 결정해서 돌아다니기로 했지만 마음 한편이 기울어진 배처럼 무겁다. 지금까지는 여행사 가이드만 졸졸 따라다니기만 하면 문제가 없었는데, 이제는 배표를 받고 출국 수속과 입국 수속하는 모든 걸 오롯이 혼자 할 수밖에 없다는 생각에 잘못하면 어쩌지 하는 두려움이 크다.

나이가 들어가면 새로운 것과 익숙하지 않은 것에 선뜻 마음이 가지 않다 보니 때론 무겁게 큰 용기를 내야 할 경우가 있다. 이번 여행도 바로 그렇다. 대마도라는 이국땅에서 말도 제대로 통하지 않는 사람들의 눈치를 보면서 혼자 돌아다녀야 하고, 혼자서 밥도 사 먹어야 한다. 여행사의 가이드가 있을 때는 이리 가라면 이리 가고, 저리 가라하면 저리 가면 되었다.

혼자 남의 나라에 들어가는 나에게 가장 큰 문제는 언어 소통이다. 아주 기본적인 질문 몇 가지만 서투르게 외워 가지만 그게 제대로 통할지는 알 수 없다. 스마트폰 통역 앱의 도움을 받을 수 있을 거라는 막연한 기대를 갖고 있지만 과연 얼마나 도움이 될지 막연하다. 어떻게든 되겠지 하는 자포자기 심정이 벌써부터 가슴 한편에 자리하고 있다.

2018년 12월 27일 오늘은 어지간히 날씨도 추워서 옷을 단단히 껴입었다. 대전역에서 부산역으로 가는 저녁 11시 53분 무궁화호 기차를 기다리는 동안 엄청난 추위에 시달리다 시간에 맞춰 기차를 타고 보니 이상하게 허기가 느껴져 집에서 만들어 온 주먹밥을 꺼내 정신없이 먹었다. 가슴에 멍을 남길 정도로 무겁고 그늘진 걱정은 이렇게 참을 수 없는 허기로 나타나는지도 모르겠다. 왜 이리 맛있냐고 스스로 감탄하면서도 끝내는 삶은 계란 2개까지 까먹고 나서야 비로소 허기가 물러난다.

그러고 나니 노래를 들으며 가지고 온 책도 꺼내 읽는 여유가 생기고 졸리면 잠깐 눈도 붙였다 뜨기를 반복할 수 있었다. 지루함도 느껴지지 않는다. 자기 일에 열심이었던 기차는 부산역에 나를 잘 내려 주고, 찬기운에 힘입어 생기를 찾아낸 나는 이미 익숙해진 돼지국밥집에 들러 국밥을 안주로 소주 한 병을 거뜬히 해치우고는 여객터미널까지도 헤매지 않고 잘 찾아냈다.

여객터미널에서 7시 30분은 돼야 배표를 받을 수 있대서 마냥 기다려야 하는데, 기다리는 시간은 언제나 한없이 늘어지게 마련이다. 그래도 시간은 흐르라고 있는 것이어서 꼼지락거리는 사이에 배표받을 시간에 맞춰 배표발급 창구에 여권을 내밀자 부산에서 가는 비틀호의 좌석표와 돌아올 때의 좌석표를 받을 수 있는 티켓, 입국신고서, 관세신고서 양식이 내 손에 쥐어진다. 입국신고서와 관세신고서는 벌써 여러 번 작성해 본 경험으로 능숙하게 빈 공간을 채운 다음 출국심사를 거쳐 배에 오를 때까지의 여유시간 동안 면세점도 기웃거렸다.

비틀호는 일본 선박회사 소속으로 고속으로 달릴 때는 물 위로 선체가 올라가 물의 저항을 덜 받으니 빠르기도 하거니와 흔들림도 심하지 않단다. 부산에서 히타카츠항까지 1시간 10분만에 도달하는 능력이 놀랍다.

배 안에 자리를 잡고 먹을 걸 먹고, 마실 걸 마시고, 잠깐 눈을 감고 있자니 대마도 히타카츠항에 도착할 거라는 안내방송에 정신이 맑아진다. 긴 줄 끝에서 입국수속을 기다리다가 내 차례가 되어 여권과 배표 등의 서류를 같이 내밀자 출입국 직원이 뭔가 심각한 표정으로 들여다보는 듯하더니 결국 나와 말싸움을 할 의사가 없다는 뜻으로 말없이 여권에 도장을 찍어 돌려준다.

배낭을 메고 대합실에 홀로 앉아 다른 여행객들이 여행사에서 마련한 버스에 올라타는 모습을 지켜보면서 나는 어디를 가야할지 막막해 하다가 지도를 보고 비교적 가까운 미우다 해변을 목적지로 정했다. 하타카츠항에서 2.1km 떨어진 곳이다. 지도에는 미우다 해변 근처에 온천 표시가 돼 있는 것으로 보아 잘하면 온천까지 할 수 있겠다는 기대를 한다.

패키지 여행으로 미우다 해변을 몇 차례 왔어도 가이드가 온천이 있다는 말은 해 주지 않았는데, 미우다 해변에 온천탕이 있는 걸 알게 되면서 혼자 오길 잘했다는 생각이 든다. 일전에 미우다 해변에 왔을 때 잠깐 아는 체했던 푸드트럭 주인으로부터 온천탕에 관한 여러 가지 정보가 나왔다. 푸드트럭에서 커피와 맥주, 과자류 등을 팔고 있어서 300엔을 주고 커피 한 잔을 시킨 후 온천 얘기를 했더니 300엔이 아깝지 않은 정보를 순순히 내놓는다.

온천의 위치는 물론 온천 이용료가 600엔이라든가, 1,000엔을 내고 300엔짜리 커피를 샀으니 거스름돈 700엔으로 온천목욕탕 요금을 내고 나머지 100엔으로는 우유 하나 사 먹으면 딱이라는 말로 깔끔하게 정리를 해 준다. 대마도에서 푸드트럭을 세워놓고 장사를 하려면 대마도 주민이 돼야 하기 때문에 부산 출신인 주인장은 현재 대마도 주민으로 살고 있다는 말도 덧붙여 알려 준다.

온천탕이 위치한 옆에는 한창 대형 건물의 뼈대가 세워지고 있는데, 내년쯤 완공될 비지니스호텔이라서 앞으로 온천하러 엄청나게 관광객이 몰릴 거란다. 알려 준 대로 미우다 해변에 있는 온천탕을 찾아가서 어설픈 일본어로 손짓 발짓하는 동안 목욕탕 주인 역시 어설프게 한국말을 하며 목욕탕 이용방법을 알려 준다.

신발장의 열쇠번호와 동일한 번호의 옷장에 탈의한 옷을 넣고 욕실로 들어가자 싸늘한 공기가 먼저 몸을 덮쳐 왔다. 목욕탕 바깥쪽의 문을 열어 놔서 밖의 찬 공기가 그대로 목욕탕 안으로 들어오고 있는데, 목욕탕은 으레 따듯해야 한다는 한국식 목욕 문화를 깨뜨리는 분위기에 살짝 짜증이 나기도 했다. 대충 몸을 씻고 우선 사우나에 들어가 몸을 데우고 나니 훨씬 기분이 좋아져 찬공기가 들어찬 목욕탕 안의 공기가 오히려 시원한 느낌으로 기분을 올린다. 뜨끈한 탕 안으로 들어가 사우나에서 데워진 몸을 담그자 나른해지는 기분이 좋다. 온천물에 잠겼던 피부는 마치 비누칠을 해 놓은 것처럼 미끌거리는 게 아마 미네랄 성분 때문이 아닌가 한다.

온천탕에서 몸이 받아들인 열기는 여전히 잔열로 남아 후끈한 기운을 조금씩 내뿜기 시작하면서 히타카츠항으로 걸어가는 내내 매서운 바람을 견디게 한다.

히타카츠항에 도착해서는 근처의 마트에 들러 양갱과 과자를 사고 난 후 점찍어 두었던 식당에서 점심을 먹으려고 조심스레 문을 열었더니 점심 때가 지나서 그런지 안에는 마침 아무도 없다. 4인용 식탁 2개와 창쪽으로 3인이 앉을 수 있는 식탁 1개가 전부인 조그만 식당이다. 일본에 왔으니 아는 일본어를 써먹어 보자는 마음으로 스미마셍 하자 일본 여자가 나오는 것을 보고 마트에서 산 물건으로 잔뜩 빵빵해진 배낭과 봉지를 내려놓으며 4인용 탁자의 한구석에 어색하게 자리를 잡고 앉아 메뉴판을 보고 돈가스덮밥을 시켰다. 잠시 후 생맥주까지 시켰는데, 대마도에 워낙 한국 사람들이 많이 와서 그런지 메뉴판에도 모두 한국말이 써 있어서 음식 주문을 하는 데는 아무런 문제가 없다.

다른 손님도 없어 느긋하게 혼자서 맥주를 마시면서 아주 천천히 덮밥 먹기를 즐기려 했으나, 곧 그 평온함은 깨지고 말았다. 약속이나 한 듯 손님들이 줄줄이 들어서는 바람에 조용하던 조그만 식당 안은 대번에 시끄럽게 되고 4인용 식탁을 혼자 차지하고 있던 나로서는 어찌나 부담스럽던지 서둘러 남은 맥주를 마시고 허겁지겁 나머지 덮밥도 입 속으로 밀어 넣으며 계산을 하고 식당을 나와 버렸다.

갑자기 분주해진 식당에서 쫓겨나듯 나와 보니 밖은 또다시 조용하고 한가로운 오후의 시간이 흐르고 있다.

이런 분위기를 즐기며 오후 3시 55분에 출발하는 배를 타기까지 히타카츠항 주변을 아주 천천히 돌아다닐 생각이다. 설레고 좋은 혼자만의 대마도 여행이어서 누군가 같이 오고 싶다면 언제나 정직하려 애쓰는 동생이 먼저 생각난다.

감식초 만들기

나이가 들면서 누가 시키지 않는데도 자꾸 무얼 하려고 한다.

대학 동창의 농장에 심어 놓은 감나무에서 따온 감이 너무 많아 홍시를 만들고도 남은 감으로 식초를 만들어 보는 일도 그중의 하나였다. 인터넷을 뒤져 감식초 만드는 방법을 눈으로 익힌 다음 2017년 10월에 무작정 실행에 옮겨 본다. 처음 만들어 보는 것이지만 하루하루 변해가는 감의 형태, 그와 함께 진행되는 화학작용의 결과물을 바라보는 재미가 솔솔했다.

혹시 잔류 농약이 있을지도 모른다는 염려로 한참을 씽크대에 서서 상당한 물을 소비하고 나서야 소쿠리에 잔뜩 씻은 감을 올려놓고 물기를 말렸다. 물기가 모두 마른 감의 꼭지를 도려내고 준비해 두었던 유리병 속에 차곡차곡 감을 쌓았다.

인터넷을 통해 감식초 만드는 방법은 이미 꼼꼼히 알아 두었지만 혹시나 빠뜨린 게 없는지 신중하게 자료를 살폈다. 방법이 조금씩 달라서 헷갈리는 부분도 있지만 감식초 만들기의 어려움을 써 놓은 자료는 없다. 용기에 넣어 뚜껑을 닫고 난 후에는 적당한 시간을 기다려 주면 나머지는 적절한 화학작용으로 감식초를 만들어 낸다는 것이다. 미생물에게 맡겨진 감은 조용히 단단하게 여민 몸을 풀어헤치는 일을 반복하여 결국에는 술(알콜)과 적당량의 가스를 만들어 낸다.

술과 가스가 만들어지는 과정이 알코올발효이고, 이 시기가 지나면 알코올이 식초가 되는 초산발효 과정이 진행된다. 알코올발효, 즉 술이 만들어지는 과정에는 공기와의 접촉을 가능한 피하는 것이 좋다고 하지만 완전히 밀폐하는 정도까지는 아니어도 상관이 없다고 한다. 오히려 나는 감이 들어간 유리 용기에 초파리가 끼지 않게 하기 위해 청소용이나 물티슈의 부직포를 빨아서 유리 용기를 덮은 후에 고무줄로 막아 놓는 정도로 놔둬도 알코올발효는 잘만 진행되었다.

유리 용기의 뚜껑에 천이나 부직포와 같은 것으로 덮어 놓지 않으면 얼마 지나지 않아 작은 초파리 생명체가 집안을 날아다니는 모습을 구경해야 할지 모른다. 단독주택에서라면 밖에 내놓고 적당히 조치를 할 수 있지만 아파트에서의 초파리는 같은 공간에서 지낼 수 있는 존재는 아니다. 그래서 아파트라는 공간에 초파리가 생기는 것도 막고, 술 익어 가는 냄새도 잡기 위해서 나름 그럴싸한 방법으로 문제를 해결했다.

감이 담긴 유리용기 입구 부분에 천이나 부직포를 덮어 고무줄로 묶어 놓고 나서 그 위에 주방용 비닐봉지를 덮어 씌운 후 용기 아래로부터 다시 주방용 비닐봉지를 덧씌워서 겹치는 부분에 테이프로 꽁꽁 붙여 놓아 공기가 통하지 않게 했다. 이때 중요한 건 나중에 가스가 발생하여 부풀어 오를 거를 예상해서 비닐봉지에서 최대한 공기를 뺀 후 테이프로 감아야 한다.

이런 작업을 약 2~3번가량 해 놓으면 냄새도 새어 나오지 않고, 알코올발효가 진행되는 과정을 확인할 수 있어 더할 나위 없다. 실제로 감이 알코올발효를 하면서 유리용기를 덮어씌운 주방용 비닐봉지가 조금씩 부풀어 오르는 모습이 신기하고 재미있기도 했다.

인터넷의 자료를 찾다 보니 감식초를 만들 때 용기 뚜껑을 너무 단단히 조여 놓으면 발효 과정에서 발생하는 가스 때문에 용기가 터질 수도 있다는 경고가 있던데 이렇게 주방용 비닐봉지로 싸 놓으면 그런 걱정은 없다. 매일 조금씩 주방용 비닐봉지가 부풀어 오르는 모습을 지켜보는 재미가 있다.

또한, 감식초를 만들 때 아무래도 식초가 산성의 성질을 가지고 있어서 되도록 플라스틱 용기보다는 유리용기를 사용하라고 하는데 나는 그 차이를 잘 모르겠다. 마트에서 파는 식초가 대개 플라스틱 용기에 담겨 있는 걸 보면 플라스틱 용기를 사용한다고 큰 오류가 있는 건 아닌 듯하다. 그래서 나는 되는대로 유리용기든 플라스틱 용기든 사용을 해 봤는데, 플라스틱 용기는 담금주용 소주가 담겨 있던 통을 이용했다.

감식초를 만들 용기는 이렇게 플라스틱이나 유리 중 어느 것을 사용해도 무방한 듯하지만 한 가지 조심할 것은 용기에 소금기가 있으면 감이 발효되지 않는단다. 그러니 소금기가 있는 것을 담아 두었던 용기라면 아주 깨끗이 소금기를 씻어 내야 한다. 인터넷 자료 중에는 용기에 감을 재워 넣으면서 설탕을 조금 뿌려 주는 것이 좋다고 하는데, 그렇다고 설탕을 너무 과하게 넣으면 술이 되기 위한 발효가 되는 대신 매실청처럼 그냥 설탕 속에 절여진 감이 될 수도 있으니 조심할 일이다.

감 자체만으로도 얼마든지 식초를 만드는데 필요한 정도의 당분은 충분히 가지고 있어서 사실 설탕을 군이 추가할 필요가 없는 듯하다. 감이 담긴 용기에 일자를 적은 딱지를 붙여 놓고 다음의 일은 덤덤하게 잊었다.

감이 담긴 용기 속에서는 하루하루 조금씩 감이 해체되어 그 부산물을 내놓는 흔적이 나타나고, 용기를 덮은 주방용 비닐봉지는 발효에 따라 발생하는 가스로 조금씩 부풀어 올랐다. 나중에는 비닐봉지가 터질 듯 빵빵해졌지만 터지거나 말거나 상관하지 않고 느긋한 마음으로 그냥 바라만 봤다. 그렇게 방치되어 더 이상 견딜 수 없을 정도로 빵빵해지던 비닐봉지는 어느 순간부터 바람이 빠진 듯 헐거워진 모습으로 변하고 말았다.

비닐봉지에 구멍이 생긴 것도 아니었던 것이 새는 곳을 찾으려고 비닐봉지를 눌러봐도 딱히 바람이 새는 틈은 없었다. 감을 씻어 용기에 넣은 지 한 달 반 정도의 기간만에 일어나는 과정이다.

아파트라서 일정한 온도 유지가 가능해서 비교적 빠른 시간에 감식초가 만들어지는 것 같기도 하다. 비닐봉지를 빵빵하게 만드는 알코올발효 과정이 지나고 나서 본격적으로 식초가 되는 과정인 초산발효가 진행되는 걸 알 수 있다. 초산발효는 술이 만들어지는 알코올발효 과정과는 달리 공기와의 접촉이 필요하다고 하여 비닐봉지를 벗겨 내자 신냄새가 확 풍겨 올라온다.

감식초를 담근 지 2개월 정도 지나니 이미 초막까지 만들어지는 걸 볼 수 있는데, 초막은 식초가 만들어졌다는 증거물이다. 자료를 찾아보는 동안 초막이라는 말이 나와서 궁금했었는데, 하얀색의 초막을 만져 보니 미끈미끈하고 매우 탄력이 있는 게 마치 아이들이 가지고 노는 젤리 장난감 같은 감촉이 느껴진다. 초막은 두꺼워질수록 감식초의 양도 줄고 산도가 낮은 식초가 나올 수 있다고 하는데, 나는 그냥 신기하기만 해서 초막이 두꺼워지든 말든 상관하지 않고 방치했다.

식초를 거르는 과정에서 초막이 신기해서 일부는 버리지 않고 공기 중에 말려 보기도 했는데, 초막은 굳어지면서 격한 신냄새가 나고 달리 쓸 데도 없어 결국 버리고 말았다.

초막까지 생겨 초산발효가 끝난 감식초는 이제 감찌꺼기에서 식초를 걸러 내고 살균과정을 거치면 끝난다. 마트에서 삼베로 된 보자기와 부직포로 된 국물 우려내는 보자기를 사다가 먼저 삼베로 된 보자기에 감찌꺼기를 넣고 큰 건더기를 걸러 낸 다음 걸러진 식초를 다시 부직포 보자기에 넣어 좀 더 맑게 식초를 걸러 내는 과정을 거쳤다.

이렇게 맑게 걸러진 식초는 식초균만 남기고 나머지 잡균을 제거하는 저온살균 방법으로 소독이 필요하다고 해서 식촛물을 약 60도의 중탕으로 30분 정도 가열하여 완성했다. 저온살균을 하는 과정에서 식촛물이 너무 과열되지 않도록 음식용 온도계를 사용하기도 했다. 감이 제 몸을 풀어헤쳐 식초와 가스라는 부산물을 만들게 하는 과정은 색다른 좋은 경험이다.

살균까지 마친 식초는 유리병에 나누어 담아 외부 공기가 통하지 않게 밀봉하여 냉장고에 넣어 보관하는 것이 좋단다. 이제 약간의 식초에 적당량의 물과 달달한 맛을 더해서 마시면 저절로 건강해질 것만 같다.
그런데 가족들이 잘 안 먹는다. 그게 문제다.

세대차이

법정스님이 쓴 글 중에 종로에 있는 제과점을 들렀다가 옆자리의 여학생들이 나누는 대화 내용이 너무 거칠고 야한 것에 충격을 받았는지 이를 나무라며 "말씨는 곧 사람의 인품을 드러내게 마련 아니니? 또한 그 말씨에 의해서 인품을 닦아갈 수도 있는 거야. 그러기 때문에 일상생활에 주고받는 말은 우리들의 인격형성에 꽤 큰 몫을 차지하는 거다. 그런데 아름다운 소녀들의 입에서 거칠고 야비한 말이 거침없이 튀어나올 때 어떻게 되겠니? 꽃가지를 스쳐오는 바람결처럼 향기롭고 아름다운 말만 써도 다 못하고 죽을 우리인데"라고 썼다.

이 글이 1971년 12월에 쓰여진 것을 감안하면 그로부터 한참의 세월이 흐른 지금에 와서 젊은이들이 사용하는 말을 들으면 어떤 반응을 보였을까? 아마도 몹시 노기를 띠고 그 수려하고 준엄한 필치로 멋진 훈계성 글을 하나 더 이 세상에 내놓았을 것이다. 욕설 같은 대화가 난무하던 당시에 법정스님이 받은 불쾌감과 실망스러움은 요즘 젊은이들의 언어행태를 바라보는 나의 감정과 크게 다르지 않았을 것이다. 요즘의 젊은이들이 내뱉는 살벌하고 뜻 모를 언어에 법정스님이 느낀 감정을 충분히 이해한다.

법정스님은 오죽하면 "고물차에서 풍기는 휘발유 냄새는 골치만 아프면 그만이지만, 욕지거리는 듣는 마음속까지 상하게 하니 말이다. 그것은 인간의 대화가 아니라 시궁창에서 썩고 있는 추악한 악취야"라는 독한 표현까지 사용했을까? 반면, 요즘의 젊은 사람들이나 법정스님이 개탄했던 당시의 젊은 사람들은 단번에 이를 세대차이라고 말할 것이다.

세대차이는 어느 시대를 막론하고 논란거리였다.

이집트의 파피루스와 고대 바빌로니아의 함무라비 법전에도 "요즘 젊은 것들은…"으로 시작하는 당시 기성세대들의 험담이 적혀 있다고 하니 법정스님이 느꼈던 감정은 그 전통이 인류 역사와 함께하고 있다고 말할 수 있겠다.

하지만 세대차이를 말하는 순간 보통은 그걸 생각하지도 않던 사람들에게까지도 마치 원래부터 큰 차이가 있었던 듯, 나만 느끼지 않고 살고 있었던 듯한 생각을 일으킬 수 있다. 말로 꺼내 놓는 순간 비로소 의식하지 않던 존재가 관념으로서의 실체를 드러내는 일이 얼마나 많은가?

노자의 도덕경 그 첫장에는 道可道 非常道(도가도 비상도) 名可名 非常名(명가명 비상명) 이라고 시작한다. 도를 도라고 말하면 더 이상 그 도가 아니며, 이름을 이름이라고 말하는 순간 더 이상 그 이름이 아니다라는 말은 세상의 말로서 드러내는 순간 그것이 고착되어 더 이상 그것으로의 가치가 없어진다는 의미다.

이만큼 인간의 입을 통해 나온 말은 인식하지 않던 관념으로 살아나는 게 흔하다는 말이다. 때로는 말하지 않을 때 그 가치가 더 높아지는 메커니즘을 수천 년 전에 이미 간파하고 있다는 게 놀랍다.

내가 굳이 세대차이를 의식하며 사는 것보다는 젊었을 때에 비해 세상을 보는 여유가 많아졌거나 살아가는 영리한 방법을 잘 선택했기 때문에 그런 감정의 갈등에 둔감해져 있었던 게 아닌가 한다. 이런 둔감함도 어쩌면 나이 든 사람의 지혜가 아닐까? 지구가 자전하고 다시 공전의 시간이 지나는 동안 젊음은 더 이상 젊음으로 머물지 못한다. 아쉽고 안타까워도 늙어 가는 과정은 어쩔 수 없는 것이어서 세대차이를 말하던 바로 그 젊음이 역설적이게도 세대차이의 대상이 되어 버리는 건 세상 사는 이치다.

항상 무엇을 구분 지으려는 게 인간의 습성인지 몰라도 세대차이라고 말하는 것 자체는 편을 가르자는 것이다. 있고 없는 식의 구별을 해 놓고 어느 한 쪽에 속한 이들은 다른 쪽과의 다름을 살핀다. 같은 점을 찾기보다는 다른 점을 찾으려는 노력에 더 열정을 쏟다 보니 생긴 현상이 아닌가 싶다.

우리의 열정은 노력을 낳고, 그 노력이 때로 과욕을 불러 결국

파국에 이를 수 있다는 사실을 부정할 수 없듯 현실에서 편가르기에 열정을 쏟는 일의 끝에는 결단코 치유하기 어려운 상처가 남는다. 연륜의 차이에서 오는 다름의 형태를 합리적이고 포용력 있게 받아들이려 하지 않고 일단 거부의 몸짓으로 편가르기를 하는 것은 아닐까?

1971년의 법정스님 앞에서나 2000년 전의 고대 바빌로니아 어른 앞에서 제 나름의 말이나 행동을 한 그 젊은 세대도 나이가 들어 수십 년 전 자신들이 넘어서려 했던 비슷한 처지의 젊음 앞에서 법정스님과 같은 마음으로 그들을 바라보고 있지는 않은지 궁금하다. 이런 순환의 역사는 어쩌면 자연스러운 현상인데도 우리는 굳이 세대차이를 들먹이며 서로를 구분 짓고 떼어 놓으려 애쓴다. 과연 그런 애를 쓸 필요가 있을까 싶다.

우리는 세월의 많고 적음을 떠나 서로 기대어 깊은 동질감을 느끼며 살아야 할 필요가 있다. 100년을 간신히 사는 우리가 그 긴 우주의 시간 앞에서 세월의 잣대를 갖다 대려는 노력 자체가 어설픈 시도다. 절대자의 눈에는 마치 아기가 어른의 말투를 흉내 내려고 애쓰는 모습으로 비춰지지 않을까? 우리의 모든 관심은 함께 살아가는 일에 집중되어야 하고, 세대를 구분하는 일에 전력을 기울이기보다는 부드러우면서도 절박한 심정으로 서로 다독여 주어야 한다.

들꽃 하나에도 누군가의 애절한 온기가 담기고, 그 씨앗을 잉태할 무렵에도 평범하지 않을 기운이 담겨 있었을 것이다. 어느 것 하나 우리에겐 허투루 존재하는 것은 없다. 인연의 끈을 가지고 끊임없이 선한 것과 추한 것을 반복하면서 서로에게 영향을 주고받는 일이 세상살이다. 누구도 무시할 수 없고, 누구라도 무가치하게 존재할 수 없는 운명 속을 사는 이상 우리는 함부로 구분 짓는 일은 하지 말아야 한다.

그렇게 구분 없이 살아도 우리는 충분히 바쁘고 할 일도 많은 세상 속에 있다. 구분 없이 사는 노력을 하고 싶은데, 어린 소녀들의 거친 입담에 힘들어 하셨던 법정스님은 아직도 화가 나 있을까?

지병

나는 지병이 있다.

지병이라는 단어를 표준국어대사전에서는 오랫동안 잘 낫지 아니하는 병이라고 설명한다. 의학 전문가는 아니지만 인간의 수많은 병 중에 알고 고치는 병보다 모르고 속시원히 고치지 못하는 병이 아직까지는 더 많은 것으로 보인다.

수명 연장의 꿈은 꿀 수 있어도 무병 불멸의 꿈은 말 그대로 꿈도 꾸지 못할 일이다. 그런 건 인간이기를 넘어 절대자의 영역을 침범하려는 것이어서 반드시 상응하는 벌을 받게 될 것이다. 역설적이게도 인간이 생명을 가진 존재로서의 가치는 바로 죽음을 예정하고 있기 때문이고, 살아있는 생명체는 언젠가는 죽음의 존재를 받아들여야 한다. 이러한 생명의 존재를 가늠하게 하는 죽음을 어느 정도 매개하는 것이 지병이라 할 수 있다. 죽음의 가치가 그러하듯 지병도 어쩌면 삶의 가치를 알게 하는 철학적인 의미가 될 수도 있을 것이다.

하나의 지병만으로도 삶을 버겁게 한다는데 무려 3개의 지병을 짊어지고 있는 사람이 있다. 바로 나다.

가장 고질적인 당뇨, 당뇨의 협력으로 생각보다 빨리 찾아온 것으로 보여지는 고혈압, 역시 무관하지 않은 결과인 고지혈증이 바로 그것이다.

남들에게 내 지병의 내력을 얘기할라치면 듣는 사람들은 대부분 심각하게 마치 금방 내 신체에 뭔 일이 일어날 것처럼 놀라는 반응을 보인다. 큰일인 것처럼 너무 걱정하는 태도에 오히려 내가 더 머쓱하고 당혹스럽기도 해서 괜히 말을 했나 싶기도 한다. 지병이 있다고 해서 당장 무슨 큰일이 일어나는 것은 아니고, 다만 정상적인 사람에 비해서는 어느 정도 조심하고 제한적인 생활을 해야 하는 것은 사실이다.

그렇다고 내게 찾아 온 손님 같은 지병 때문에 공연히 우울해 하거나 너무 큰 두려움에 살고 있는 것은 절대 아니다. 오히려 내 가족들이 나보다 더 걱정하는 것에 마음이 무거워진다. 그리 큰 걱정은 하지 않아도 될 만큼 난 너무 태평하게 잘 생활한다. 나의 지병 때문이라도 하루하루를 남들보다 더 의미 있게 살려고 노력하는 것이며, 삶을 더 계획성 있게 준비하고 있다. 그렇게 보면 나에게 있어 그것은 선물 같은 존재라 할 수 있다.

그것은 나로 하여금 거의 매일 새벽에 일어나 운동을 하게 하는 새벽형 인간으로 만들어 놓았고, 때마다 건강검진을 받는 일을 게을리하지 않게 하였으며, 필요한 약을 빼먹지 않고 잘 찾아 먹게도 하는 성실함까지 주었다. 이러고 보면 지병이 나에게 있어 과히 나쁘게 작용한다고 말할 수도 없게 된다.

　우습게도 이런 내 생각과 비슷한 마음으로 시까지 쓴 시인이 있다. 유안진 시인은 "지병을 앓으며"라는 시로 멋진 표현을 한다.

지병 하나쯤은 앓아가며 살아봐야 저절로 알아진다.
내 몸이 내 것 아닌 신지핀 신(神)의 것임을
하고많은 사람 중에 하필 왜 날 골라 너는 내 것이다
뽑힘 받은 듯 남이 모를 아픈 쾌감도 맛들여진다니까
권하노니
지병 하나쯤은 데리고 살 줄 알자
저마다 죽겠다는 일만 가지 아픔도
몸 아픔 하나로 간추려지고 만다니까.

　이제 지병을 앓는 사람에게는 그 몸이 내 것이 아니라 신이 허락할 때까지 잘 관리하고, 보듬고 아껴야 하는 축복의 대상이라고 감히 말하고 싶다. 지병을 더 이상 슬픈 현상으로 생각하지 않고 덤덤하게 받아들여야 한다. 지병을 미화하는 것은 우스운 일이지만 최소한 지병 때문에 우울해지거나 주눅들며 살지 말자는 정도로 이해하면 좋겠다. 육체의 지병 때문에 공연한 걱정으로 마음의 지병까지 얻는 일은 없어야 한다.

어쩌면 육체의 지병보다 심각한 것은 마음의 지병을 얻는 일이다. 육체의 지병에 마음의 지병까지 얹지 않도록 부지런히 몸과 생각을 움직이는 노력을 게을리하지 말아야 한다. 내 몸이 어디에 있더라도 걷는 일을 두려워하지 말고 새벽 공기를 즐기는 일도 두려워해서는 안되며, 하루의 시작이 소박하여 화려한 모습으로 드러나지 않을지라도 움츠러들지 말아야 하는 것이 지병을 가진 사람의 마음이어야 한다.

고민과 좌절, 나약한 마음을 충분히 경험했을 것이고, 이를 극복하고서야 오늘에 이르렀을 것이다. 그렇지 않고서야 어떻게 자기만 정상이지 않다고 느낄 그런 가혹한 현실에서 자기만의 살아가는 방법에 스스로 눈뜨고, 그것도 모자라 남의 걱정을 위로하는 지경까지 이를 수 있겠는가?

지병의 근원은 사람마다 다르겠지만 내게 있어서는 무엇보다도 술로 보인다. 술을 가까이 하던 내가 일단 시작하면 끝장을 보려 했으니 그 몸이 제대로 온전하게 보전되었을 리가 없었을 게다. 아침마다 전날 마신 술이 아직 깨지 않은 어지러운 정신으로 일어났고, 거친 숨결로 아직 분해되지 않은 술기운을 내뿜는 방법으로 냄새를 풍겼으며, 오후가 되면 다시 오늘 아침의 일을 반복하기 위해 이곳저곳 연락을 해 대곤 한다.

애처롭게 얻어 걸린 술자리라도 마련되면 영혼이라도 팔 듯이 몸으로 술을 이겨 내려 안간힘을 쓰다가 결국 별도 없는 하늘을 머리에 이고, 그 무게를 감당하지 못해 이리저리 비틀거리기를 반복했다. 그러라고 하늘의 계시가 있었던 것도 아닌데, 죽어라고 비틀거리는 하루하루를 겪으려 애를 써댔다. 아마도 하는 일의 스트레스도 한몫을 하였을 것이라는 생각이 들기도 한다.

몸이 감당할 수 없을 만큼 술에 집착하고 있던 결과는 지병으로 나타나고, 그의 존재를 알게 되었을 때는 한동안 가혹한 축복에 격한 몸부림으로 지금의 내가 되는 버거운 과정을 겪어야 했다. 이제 지병은 더 이상 나와 대립하지 않고 온전히 나의 일부가 되어 자연스럽다. 몸이 아픈데 마음까지 아프면 너무 과하니 마음만은 밝아지려 노력한다. 당당해질 이유는 없지만 그렇다고 소심해질 이유 또한 없는 것이다.

오늘 하루도 어제와 별반 다르지 않은 모습으로 깨어나 한 모금의 정갈한 물과 함께 모양과 효용이 다른 여러 개의 약을 삼키는 것으로 하루가 시작된다.

나에게는 이런 게 일상이다.

침묵(沈默)

　　침묵은 금이고 웅변은 은이라는 말이 있듯이 나는 낯선 자리에 가면 침묵을 지키는 편이다. 세상 사는 일이 가뜩이나 시끄러운데 거기다 내 목소리까지 더할 필요가 있을까 하는 의문 때문이라는 구실도 좋은 변명거리라 생각한다. 큰 의미 없이 늘어놓는 말보다는 다소 어색하더라도 말 없는 상황을 즐기는데 점점 익숙해져 가고, 시끄러운 소음 같은 말은 되도록 멀리 있기를 바란다. 떠드는 무리들이 아무 말이나 해대는 모임이나 서로 다른 감정으로 자기 목소리를 높이는 장소는 일부러 피하고자 한다.

　　이렇게 침묵을 지켜 내려는 사람들의 속 깊은 의지가 밖으로 드러나지 않는다 하더라도 이를 탓하거나 비난받을 이유는 없다. 침묵은 드러나지 않을 뿐 내면에서는 생물처럼 시끄럽게 아우성을 치고 있을지도 몰라서 함부로 죽은 듯 말해서도 안 된다. 많은 말을 단절 없이 잘 들을 수 있게 여러 개의 귀를 가지고 신중하게 말을 아끼고 있는 생물과 같다. 그래서 누가 대신 앓아 줄 수 없어 더 막막하게 외로움으로 몸부림쳐 본 사람만이 결코 가볍지 않은 침묵의 가치에 눈뜰 수 있고, 경박한 말 한마디가 주는 파괴의 고통을 끔찍하게 겪어 본 사람일수록 침묵의 시간은 길어지게 마련이다. 말이 주는 난해함은 오해를 낳기 쉬우나 오히려 침묵은 굳이 애쓰지 않아도 스스로 답을 알아 오해를 풀게 하고 상대를 너그럽게 만들 수도 있다.

때로 침묵은 침묵을 말하는 사람에게 위엄을 갖추게 하고, 침묵의 힘으로 사람을 두렵게도 만든다.

호라티우스는 가장 무서운 사람은 침묵을 지키는 사람이라고 했으며, 몽테뉴는 마음에도 없는 말을 하기보다 침묵하는 쪽이 차라리 그 관계를 해치지 않을지도 모른다고 했다. 때론, 침묵을 통해 이성 간에 흐르는 감정을 문학적으로 표현하기도 하는데, 스땅달의 "적과 흑"에서 쥘리엥은 드 레날 부인에게 침묵을 지키는 자신의 감정을 굴욕감으로 표현하고 있다.

한편으론 자발적이 아닌 강요된 침묵은 거대한 저항을 불러오기도 한다.

연산군은 신하들이 제발 침묵하기를 바라면서 목에 신언패까지 걸게 했지만 그 침묵은 결국 자기 자리를 내놓고 죽임까지 당하는 것으로 결말이 난다. 연산군이 신하들의 목에 걸었던 신언패에는 입(口)은 화(禍)의 문이요, 혀(舌)는 몸을 베는 칼이라, 입을 다물고 혀를 깊이 감추면 어느 곳에 있든지 편안하리라는 글이 적혀 있었단다. 사실 신언패의 글귀는 후당(後唐)의 재상을 지낸 풍도의 설시(舌詩)에서 유래된 것인데, 이 경구는 예로부터 말조심을 강조할 때 자주 인용되곤 했던 말이다.

말이 많은 사람은 어쩌면 그 말을 듣는 사람에게 말할 기회를 주지 않는 방법으로 침묵을 강요하고 있는 것인지도 모른다. 말을 한다는 것은 자기의 생각을 남에게 표현하는 것이며, 말을 통해 드러나는 생각은 남의 생각과 맞지 않으면 말하는 이에게나 듣는 이에게도 상처가 될 수 있다.

말을 잘하고 남을 설득하기 좋아하는 사람은 다른 시각으로 사실을 바라보고 다르게 해석하는 능력이 뛰어난 경우가 많지만 침묵을 즐기는 사람의 입장에서는 그런 것도 말장난에 불과하다고 생각할지 모른다. 사실, 누군가 다른 시각으로 다른 해석을 말하는 것은 한편으로 큰 혼란과 위험을 초래할 수도 있다. 그것이 답답한 현실의 출구처럼 들려 쉽게 현혹될 수 있지만 결국 근본적으로 변하는 건 하나도 없다. 아무리 다르게 설명하고 해석한다 하더라도 대부분 근본에 있어 크게 다른 것도 아니니 잠시 우리의 귀를 즐겁게 하는 것에 불과할 뿐이다.

떠드는 이들은 침묵하는 다수를 자기 편으로 오해하는 일이 많다. 자기의 생각대로 내놓는 말에 반응하지 않는 다수의 침묵을 제 멋대로 자기에게 동화되었거나 동조하고 있다고 여기며 그 침묵을 등에 업고 자기 말의 무게감을 애써 늘리려 한다. 마치 공기를 안고 무게를 재려는 것처럼 말이다.

반면, 침묵은 요령있게 자신의 무게를 보여주기도 한다. 아무런 중량을 가지지 않은 듯 보여도 침묵은 구부려진 용수철처럼 어느 때인가는 제자리를 찾아가며 태산 같은 무게로 울부짖기도 할 것이다. 말이 많은 사람이 문제를 일으키는 부분은 침묵하는 다수를 너무 쉽게 생각하는 데 있다. 말 많은 이에게 어느 누구도 어느 것도 허락한 적이 없는데, 쓸데없는 말만 무성할 뿐이다. 모두 자기만의 생각에 빠져 만들어 낸 허상만 쫓는 것이다.

아무리 다수의 침묵을 자기 것이라 믿어도 그건 사방이 거울로 막힌 공간에 앉아 자신을 바라보는 것에 지나지 않아서 반사된 수많은 거울 속 자신의 형상만 바라보는 꼴밖에 안 된다. 자기 자신 이외의 실체는 존재하지도 않는 허상을 쫓고 있는 것이다.

침묵하는 사람의 속은 그 깊이를 알 수 없어 두렵고, 말이 많은 사람의 속은 이미 말로써 그 깊이가 밖으로 드러나서 두려운 것이다. 이제 우리는 어느 방향의 두려움으로 목표를 삼아야 하는지 답을 내야 한다.

새벽 같은 고요함은 굳이 말을 필요 없게 하는데도 거기에 말을 더해 불 꺼진 시장통의 웅성거림으로 만들 필요는 없다. 격한 감정이 실린 말은 그냥 시끄러운 소음에 불과한데도 요즘에는 하도 시끄러운 소음을 내지 못해 안달난 사람이 많아서 어디에서 내 조용한 자리를 찾아야 할지 혼란스럽다. 시끄러운 소음을 듣고 싶지 않아도 들어야 하는, 듣지 않고 귀를 닫고 있으면 외계인처럼 외톨이가 되는, 그래서 귀를 열고 있으면 그 말로 내 감정의 상처가 스스로 깊어지는, 그런 세상에서 살고 있는 우리는 그래서 삶이 쉽지 않다.

깊은 산 중 계곡물이 흐르는 소리와 그 소리를 가르는 새의 지저귀는 소리 아래 내가 살아 있음을 알리는 숨소리만이 존재하는 세상에서 잠시라도 있고 싶다. 전자제품을 통해 나오는 온갖 사람들의 원망 섞인 소리가 없는, 자극적인 소식으로 경쟁하지 않는, 듣는 사람의 감정을 자극하지 않는 그런 세상에서 살았으면 한다.

누구나 여유를 말하기는 쉽지만 정작 여유 있는 사람의 모습을 찾기 어렵듯이 침묵을 말하기는 쉬워도 이 세상에서 진정한 침묵을 지키기는 쉬운 일이 아니다. 누군가는 자꾸 말을 강요하고, 그 말을 통해 어느 편인지를 알아보려 애쓰는 세상이 부담스럽다. 말을 하는 지식인보다는 침묵하는 지식인을 만나고 싶다.

말을 해서 먹고사는 사람은 어쩔 수 없다 하더라도 그럴 필요가 없는 사람들이 기필코 혼탁한 영역으로 뛰어들 이유는 없다. 혼탁한 부추김에도 흔들림 없이 자신만의 침묵을 지켜 내라고 말하고 싶다. 혼란과 시끄러움은 서로 닮아서 더 깊은 침묵이 개입하지 않고는 자기 정화의 능력을 기대하기 어렵다. 조그만 시끄러움이 혼란을 부추기면 그 혼란은 더 큰 시끄러움을 불러오니 그런 악한 순환이 계속되고 있을 때 그와 무관한 대다수는 가만히 지켜보며 침묵을 지키려 한다.

설령 그중의 일부가 상처를 입더라도 선뜻 그 상황을 변하게 하

려는 행동은 하지 않고 묵묵히 침묵할 뿐이다. 어쩌면 마지막까지
도 그대로 상처를 입고 말지도 모르지만 언젠가는 누구도 쉽게 달
래기 어려운 몸부림으로 나타날지도 모를 일이다.

그래서 침묵하는 다수는 두려운 힘을 갖는다.

마틴 루터킹 목사는 궁극적인 비극은 악인들에 의한 압제나 잔인
함이 아니라 선인들의 침묵이라고 말하기도 했지만 언젠가 그 침묵
의 힘은 커다란 고함으로 세상을 흔들고 말 것이다. 가능한 벙어리
처럼 침묵하지만 말을 할 때는 얼음처럼 냉정하고 때로는 불처럼
뜨거울 필요도 있다. 유리한 처지에 교만하지 말고 불리한 처지에
비굴하지 않는 태도로 침묵을 즐기고 싶다.

공자는, 현명한 사람은 모든 것을 자신의 내부에서 찾고, 어리석
은 사람은 모든 것을 타인들 속에서 찾는다고 했는데, 묵묵히 말을
아끼는 사람치고 남에게서 무얼 찾으려 하지는 않을 것이다.

이런 말 많은 세상에,

아~ 멋있는 침묵의 세상에서 살고파라.

선행과 악행

1986년부터 1991년까지 발생한 연쇄살인 때문에 온 나라가 범인을 찾기 위해 들썩 거렸으나, 결국은 범인이 밝혀지지 않은 채 미궁 속에 빠져 버린 사건이 화성연쇄살인이었다. 그렇게 많은 경찰이 동원되었어도 미꾸라지처럼 수사망을 빠져나갔던 범인의 실체를 밝히지 못하고 헤매고 있던 사이에 살인죄의 공소시효가 2006년 4월 2일로 끝나 설령 범인이 밝혀진다 하더라도 사실상 처벌을 할 수 없는 상태에 빠졌지만 그 후에도 여전히 범인은 밝혀지지 않고 있었다.

더구나 경찰의 강압수사 때문에 화성 8차 사건의 범인으로 몰려 억울한 옥살이를 20년이나 했다는 피해자까지 나오고 있는 처지니 그야말로 엉망진창이었다. 강압수사에 대한 경찰의 입이 여전히 무겁기만 한 걸 보면 켕기는 일이 있기는 있는 모양이다. 화성연쇄살인의 범인이 피해자에게 행하던 악이나 경찰이 그 범인을 잡지 못한 분풀이처럼 무고한 사람에게 가하던 악은 닮아 있다.

어쨌든 고의적인 살인범의 범행이 증거에 의해 밝혀지고 범인 스스로도 자신의 죄를 인정하고 있음에도 공소시효 때문에 제대로 처벌할 수 없다는 문제로 화성연쇄살인의 추억은 제자리 걸음을 하고 있는 중이었다(하지만 지금은 그 범인이 누구인지도 밝혀진 상태다).

공소시효 제도는 로마법에 그 뿌리를 두고 있는데, 이러한 제도를 둔 이유는 범죄가 발생한 때로부터 장기간 세월이 흐르면 사건의 이해관계인들이 가지는 사건에 대한 뚜렷한 기억을 기대하기 어렵고, 이 때문에 범죄의 증명이 어려워지며, 장기간 해결되지 않는 사건을 유지하기 위해 소요되는 사회적 비용이 증가하기 때문이란다. 공소시효 제도는 범죄를 저지르고 발각되지 않거나 줄곧 잡히지 않는 범인에게는 구원의 동아줄과 같은 역할을 하고 있는 것이 사실이다.

여기서 과연 공소시효 제도를 둔 이유만으로 범죄를 밝혀내기를 그만두고 범인 붙잡기를 포기해야 하는 것인가라는 의문이 나올 수밖에 없는데, 범죄의 피해와 그 원인을 제공한 가해자가 버젓이 활개치고 다니는데도 국가가 이에 뒷짐을 지고 있는 모습으로밖에는 보이지 않는다.

이런 것을 두고 국가가 국가로서의 역할을 제대로 하지 않고 있다는 것이며, 결과적으로는 피해자보다는 범죄자를 국가가 보호해 주는 꼴이 될 수밖에 없다. 최소한 남의 생명을 고의적으로 또는 계획적으로 앗아가는 반복된 살인행위에 대해서만큼은 공소시효 제도를 진작에 없앴어야 마땅하다.

악은 원래 악이라고 선언해 버리면 그것으로 특정되어 버리기 때문에 옛 성인들은 악을 말하지 않고 불선(不善)이라 하여 여백을 두기도 했었지만 남의 생명에 해를 가하는 일에는 불선이라 부르는 것도 아깝다. 선악의 구별은 시대와 사람에 따라서 얼마든지 달라지기도 하는 것이지만 이 세상에는 악이라고밖에 선언할 수 없는 상황이 왜 그리 많은지 참담하다.

반면에 우리는 남의 고의적인 행동 앞에서는 혼자라도 그걸 악이라고 단정하고 입 밖으로 튀어나오는 험한 말을 꺼리지 않으면서도 남의 드러나는 선행에는 먼 산 바라보는 마음으로 입에 만근의 추를 달아 놓은 듯 무겁게 반응하는 이중성을 갖는다. 남의 선 앞에서 얼마든지 못되고 쪼그라진 마음이 될 수 있다는 사실이 놀랍기도 하다. 시기하는 마음이다.

선이라 생각하는 일에 행동으로 나서기를 주저하는 대신 남의 일을 함부로 악으로 단정하는 일에는 두 팔 걷어 붙이고 나서지는 않았는지 고민해 본다. 그리고 우리의 삶에서 무엇을 선하다 할 것이고, 무엇을 악하다 할 것인지 사실 스스로 자신있게 말할 수 있을 만큼의 분별을 유지할 수 있기는 어렵다. 우리가 선 같은 악을 행하면서도 무지로 선하다 생각할 수도 있고, 악한 마음의 체로 걸러진 찌꺼기가 어쩌다 선이 될 가능성을 아예 부정할 수도 없다.

우리가 사는 세상은 혼돈의 질서로 가득해서 초저녁 잠깐의 잠에서 깨어나도 아침이 온 줄로 착각할 수 있듯이 선악에 있어 절대성으로 구분 지을 수 없는 일이 너무나 많다. 그래서 세상 사는 일에 조금 더 겸손해지게 되고, 사람의 일을 양단으로 나누려는 시도를 함부로 해서는 안되는 이유가 되기도 한다.

막연하게 악을 행하지 않는다는 이유만으로 내 삶이 선한 것으로 바뀔 까닭이 없는 것이기에 최소한의 양심을 일으켜 선한 쪽으로 마음을 기울이려 하나 내면에서 버티는 알량하고 멋쩍은 마음은 길거리의 쓰레기 하나 줍는 일마저도 쉽게 허락하지 않는다. 이러다 영영 사물의 보편적인 본성마저 제대로 구별할 줄도 모르고, 어떤 것도 행하지 못한 채 죽는 건 아닌지 걱정스럽다. 그래도 이런 나의 분별없는 걱정은 만에 하나라도 결코 화성에서 발생한 연쇄살인마와는 근본이 전혀 같지 않다는 사실에 마음이 놓인다.

계획적으로 남의 생명을 함부로 여기고, 직접적으로 해까지 입히는 일에 나서는 사람으로부터는 선한 마음을 기대할 필요조차도 없다. 오로지 악으로 규정하는 일에 주저하지 말아야 한다. 생명의 결정권은 절대자의 유일한 권한이어야 하는 것이어서 감히 한 인간이 절대자의 흉내를 내려 한다면 제발 그 흔한 벼락이라도 보내주기를 간절하게 바란다. 자신의 수고스러움을 남의 생명을 앗아가는 방향으로 돌리는 사람에게 화해와 용서는 어쩌면 가진 자의 짝사랑일지도 모른다. 그런 종류의 인간에게는 일말의 동요조차 없는 헛된 고백이 될 수도 있다는 비정한 마음이 드는 건 왜일까?

화목난로

불은 사람이 땅을 딛고 살면서 항상 같이 해 왔던 존재다.

불을 다룰 줄 알기 때문에 사람이 만물의 영장이라는 지위를 유지해 올 수 있었을 것이다. 불에 대한 우리의 친밀감은 그냥 나온 것이 아니라 다른 생명체와 구별 짓는 큰 특징이라 할 수 있다.

불 중에서도 단연 으뜸인 것은 장작, 그것도 참나무 장작으로 타오르게 하는 불은 묘한 매력을 끄는 힘이 있다. 새빨갛게 이글거리며 타오르는 불을 바라보고 있으면 잡념도 일어나지 않고, 있던 잡념마저 쓸어 가 버린다. 절정에 이른 불의 모습은 뽀얗게 일어나는 먼지 구름에 잔잔한 보슬비가 내리듯 보는 이의 들뜬 마음을 조용하게 가라앉히기도 한다.

우리 몸의 DNA에는 아주 먼 과거, 주거라는 의미조차 없던 시대로부터 장작불의 냄새와 모습을 오롯이 간직하고 있을 것이다.

장작을 태우는 일에 묘한 희열을 느끼며 서슴없이 불을 헤집어 터지도록 새빨갛게 타들어가는 모습을 멍하니 바라보는 것만으로도 행복하다.

불과 100년도 안된 시대만 하더라도 장작을 태워 화력을 얻는 것 이외에 우리의 일상적인 생활에서 직접 불을 얻는 방법이 드물었다. 나무를 태워 화력을 얻는 형태는 수천 년 동안 이어져 오던 삶의 모습이었다. 하지만 요즘에는 불의 형태가 아주 많아져 LNG, LPG, 석탄, 석유, 원자력과 같은 인위적인 노력이 가해진 화력이 흔하고 넘친 세상이 되었고, 어느새 우린 그 편리함을 쉽게 포기하지 못하게 되었다.

길지 않은 동안 이전에는 생각지 못했던 새로운 화력에 익숙해지면서 우리에게 엄청난 편리함을 가져다 준 것은 맞지만 인위적인 가공의 힘이 들어간 화력은 왠지 친근하지 않다. 석탄은 고대 동식물의 유기체가 오랜 기간 퇴적하고 큰 압력이 작용해 만들어진 일종의 숯과 같은 형태를 가진 연소 물질인데, 이 석탄은 오래 전부터도 사용되어 왔던 기록이 있으나 대중적으로 활발히 사용되기까지는 근대화 시대에 이르러서야 가능해졌다.

시골에 가면 아직도 장작을 때서 밥을 해 먹는 게 흔한 풍경이던 시절이 그리 오래되지도 않았는데, 도시와 시골을 구분 짓는 것 중의 하나가 바로 연탄을 사용해서 밥을 해 먹는지, 나무를 때서 밥을 해 먹는지의 여부가 되기도 했었다. 이인화의 역사소설 "영원한 제국"에도 시탄(柴炭 ; 땔나무와 숯)보다 화력이 강하고 곳에 따라서는 산과 들에 얼마든지 널려 있어 쉽게 민가의 난방용으로 쓸 수 있는 돌을 석탄이라 했는데, 석탄의 무색무취의 독연으로 사람을 독살했다는 내용이 나오기도 하지만 석탄이 일상적으로 사용된 것은 아니었다.

주방에서 본격적으로 연탄을 주된 화력으로 이용하기 시작함에 따라 수천 년을 이어져 오던 전통적인 장작의 화력을 교체하는 엄청난 변화가 일어났다고 할 수 있다.

연탄불에 대한 추억은 너무나 많다.

연탄가스라는 일산화탄소의 중독으로 목숨을 잃는 일이 심심찮게 뉴스거리가 되기도 했고, 연탄중독에는 동치미 국물이니 김치 국물이 정신을 차리게 한다는 소문이 퍼져 저녁뉴스로 나오는 일도 있었다.

그런 위험성을 감수하고서라도 어릴 적 연탄불은 그 위에서 구워지는 가래떡의 부드러움과 고소한 맛으로, 판자처럼 딱딱한 마른 오징어와 불량식품인 쫀드기가 온몸을 비틀며 쪼그라드는 모습으로 끈끈하게 연결되어 있다. 달고나는 연탄불 위에서 애먼 부엌의 국자를 새까맣게 태워 영영 정상으로 회복하기 어렵게 만들어 놓던 주범이었다.

석유는 원유를 가공해서 나오는 가솔린, 등유와 같은 물질을 통칭하는 말로 어릴 적 석유곤로라는 게 있어서 점화를 하려면 기름통에 연결된 심지를 핸들로 돌려 올린 후 성냥불로 붙이는 수고를 해야 하고, 그러는 와중에 시커먼 그을음이 올라오는 경우가 있기는 했지만 이전의 장작으로 음식을 조리해 먹던 때와는 비교가 되지 않을 정도로 일상생활의 획기적인 진전이었다.

원유를 가공, 정제하여 각종 석유제품을 제조하는 석유 정제 기술은 원유에 열을 가해 끓는점의 차이에 따라 증류되어 나오는 물질에 약품, 재증류 등의 공정을 거쳐 여러 형태의 석유제품을 만들어 내는데, LPG가 먼저 나온 다음 끓는점이 30~130℃인 나프타, 150~320℃인 등유, 200~350℃인 경유, 400℃ 이상인 잔사유 순으로 분리되어 나오며, 나프타는 가솔린과 석유 화학의 원료로 사용되고, 잔사유는 중유, 윤활유, 아스팔트, 파라핀 등으로 사용된단다.

경유와 등유를 헷갈려 하기도 하는데, 경유는 휘발유와 함께 자동차의 연료로서 디젤엔진에 사용한다고 하여 디젤이라는 이름으로도 불리며, 등유는 기름보일러, 석유난로 등 가정에서 쓰는 석유용 제품에 사용되는 것이다. 그래서 석유난로는 사실 등유난로라고 부르는 것이 정확한 표현이다. 그리고 일상생활에서 직접적으로 사용할 수는 없지만 핵분열을 하는 과정에서 발생하는 열의 형태인 원자력도 엄연히 화력의 한 종류인 것만은 부정할 수 없다.

어쨌든 화력 중에서 나는 매캐한 기름 냄새를 풍기는 석유제품의 화력이나 석탄을 태우며 나오는 짙은 황내음의 연탄불 화력에는 왠지 거부감이 든다. 이것저것 따지기 전에 내 몸을 얼게 하는 추위 앞에서는 어떤 형태의 화력을 선택할 거냐고 묻는다면 나는 당연히 장작불이다. 이왕이면 장작의 화력도 아무렇게나 감상하고 싶지는 않다.

모닥불의 맛도 무시할 수 없지만 장작의 화력을 고스란히 뽑아낼 수 있는 화목난로의 화력이라면 더욱 좋다. 전기포충기에 달려드는 곤충의 몸을 태우는 소리처럼 타닥거리며 타들어가는 장작이 뿜어내는 벌건 선열은 다른 인위적인 불과는 근본적으로 다른 감성을 가진다.

자기 몸을 기꺼이 태워 내보내는 허연 연기와 벌겋게 익는 열기는 이를 바라보는 우리의 영혼마저 훔쳐가고도 남는다. 무럭무럭 몸집을 키우는 연기의 냄새는 우리 몸에 그리움과 여유로움까지 남기고, 화끈거리는 열기는 마음의 갈등마저 말끔하게 가져갈 듯하다.

마음이 삭막해지면 화목난로 앞에 앉아 볼 일이다.

은은한, 때로는 거친 열기는 삶에 있어 조미료같이 사는 맛으로 보답할 것이다. 빨갛게 변해가는 장작의 화력은 다른 재료가 넘보지 못하는 자리를 차지하고, 그것은 화목난로라서 더욱 돋보인다. 다시 추워지는 날씨에 벌겋게 달아오른 화력이 그리워질 때면 다 팽개치고 화목난로가 있는 시골로 달려가 닥치는 대로 장작을 태우고 싶다.

놀래키는 원자력

2011년 3월 11일 금요일 오후 2시 46분경에 일본 동북부 지방을 관통한 규모 9.0의 지진으로 인해 쓰나미가 발생하고, 이로 인해 후쿠시마 원자력 발전소에 심각한 문제가 발생한 일로 우리를 놀라게 했다. 이 때문에 원자력이 얼마나 우리를 놀래킬 수 있는지 알게 된다.

원자력 발전소는 핵분열을 하는 과정에서 발생하는 열로 물을 끓이고, 그 끓는 증기를 이용해 발전터빈을 돌려 전기를 생산한다는 것이 우리가 흔히 알고 있는 상식이다. 이번 후쿠시마 원자력 발전소에서 일어난 문제 때문에 이것저것 자료를 찾아보게 된다.

먼저, 원자력은 핵분열 반응에 의해 발생되는 열에너지를 이용하는 것이고, 핵분열 반응을 위해 주로 사용되는 핵물질은 우라늄 233, 우라늄 235, 플루토늄 239와 같은 방사성 동위원소인데, 이러한 핵물질은 다른 물질에 비해 핵의 상태가 불안정하여 물질을 분열시키기 쉽다는 특성을 가지고 있단다. 핵분열은 우라늄 또는 플루토늄 같은 핵에 중성자가 충돌하면 원자핵이 더 작은 2개로 쪼개지면서 분열된 핵의 질량 합이 반응 전보다 작게 되는데, 이때 손실된 질량이 열에너지로 방출되고, 이를 이용하는 것이 바로 원자력 발전이나 핵폭탄인 것이다.

핵분열을 연쇄적으로 일으켜 한번에 많은 열에너지로 인명을 살상하는 군사 무기가 핵폭탄이라면 핵분열을 적절히 제어하여 발전에 이용하는 것이 원자력 발전이라는 건 이미 보편적인 상식이다. 핵발전을 하는데 있어 핵분열을 제어하는 방법은 핵분열이 연쇄적으로 일어나지 않도록 경수, 고체 흑연, 중수와 같은 중성자 감속재를 사용한다.

하지만 핵분열을 잘 제어하지 못할 경우 사람이 감당하지 못할 재앙이 일어나는데, 이번 후쿠시마 원자력발전소에 일어난 문제가 바로 그런 재앙이다. 후쿠시마 원자력발전소 문제는, 그보다 먼저 발생한 체르노빌 원자력발전소 폭발사고만큼이나 심각한 수준으로 보여지는데, 정보를 통제하고 제대로 알리고 있지 않다고밖에 볼 수 없는 일본의 태도 때문에 우리에게 어떤 피해를 입힐지 가늠하기도 힘들다. 신속하게 원자력 발전소의 실태를 사실대로 공개하고 세계에 도움과 지원을 요청하였더라면 최소한 지금처럼 속수무책으로 방치되는 일도 없지 않았을까 하는 아쉬움이 크다. 방사능 오염이 얼마나 심각한 정도인지는 사실 측정할 수도 없는 상태로 보인다.

후쿠시마 원자력 발전소는 일본 도호쿠 지방 앞바다에 발생한 대지진으로 인해 쓰나미가 발생하고, 그 강력한 쓰나미의 영향으로 대책 없이 무너져 내린 것이다. 후쿠시마에는 총 6개의 원자력 발전소가 있는데, 제1호기부터 제3호기까지는 가동 중이었고, 나머지 발전소는 점검 중인 상황에서 쓰나미로 송전선로와 변전시설 등에 피해가 일어나 발전소의 전원 공급이 중단되자 지하에 설치된 비상용 디젤발전기가 가동되었으나, 발전소 설계 당시 예상한 최대 높이 5m를 훨씬 넘는 쓰나미 때문에 비상용 디젤발전기마저 침수되는 바람에 전력이 공급되지 못하게 되었단다. 이 때문에 원자로를 냉각하기 위한 냉각수 펌프가 작동되지 않아 가동 중이던 제1호기부터 제3호기까지의 냉각수가 모두 증발되어 노심의 온도가 섭씨 1200도까지 상승했다는 것이다.

그런데, 핵연료에 있는 지르코늄(Zirconium ; 원소기호 Zr, 원자번호 40)은 섭씨 1200도가 넘는 온도에서는 반응이 일어나 수소를 발생시키고, 이 수소가 격납용기내에서 수증기와 함께 고온고압의 상태를 유지하다가 결국에는 폭발을 일으켜 격납용기가 파괴되면서 방사능이 대기로 유출되는 피해가 발생하게 된 것이다.

후쿠시마 원전은 쓰나미가 발생한 다음 날인 2011년 3월 12일에 제1호기 원전 내부에서 발생한 수소가스가 폭발하게 되고, 다시 2011년 3월 14일에는 제3호기 원전에서도 수소폭발이 일어나게 되었으며, 그 다음 날인 2011년 3월 15일에는 제2호와 제4호기 원전에서도 수소폭발이 일어나고 말았으니 설상가상, 엎친데 덮친격이라는 말이 딱 들어맞는 상황이다.

원전의 수소폭발로 인한 대기 중의 방사능 누출 문제와는 별개로 일본 정부가 원전의 고장난 냉각장치 대신 바닷물을 마구 뿌려 대는 바람에 고농도의 방사성 물질에 오염된 바닷물이 그대로 바다로 누출되는 문제가 발생되는 것인데, 지금까지도 일본은 정확한 정보를 은폐한 채 계속 쌓여만 가는 방사능 오염 물질의 처리 문제를 놓고 바다에 그대로 버리겠다는 정말로 대책 없는 대책을 내놓고 있는 것이다.

　또한, 원자력 발전소 사고를 통해 노심용융이라 불리는 멜트다운 (melt down), 멜트다운 이후에 일어나는 멜트스루(melt through) 현상이 발생할 수 있다는 사실도 알게 됐는데, 멜트다운은 고체상태로 있어야 할 금속 핵연료가 제대로 냉각되지 않아 엄청난 고열로 인해 액체상태로 변한 것을 말하고, 멜트스루는 액체상태로 녹은 고열의 핵연료가 원자로 압력용기 바닥을 뚫고 내려가는 것을 말한다. 멜트스루가 있으면 액체상태의 핵연료는 엄청나게 높은 열을 가지고 콘크리트 격납용기를 녹이고, 다시 땅까지 녹이며 지하로 계속 파고들어 갈 가능성도 배제할 수 없다는 게 염려스럽다.

　일본은 처음 사고 당시의 태도와 달리 뒤늦게 멜트스루가 일어났을 가능성과 신속하게 정보를 공개하지 않은 사실을 마지 못해 공식적으로 인정했는데, 멜트스루가 일어났어도 액체상태의 핵연료가 격납용기 아래에 쌓여 있을 가능성이 있다고 말은 하고 있어도 정말로 격납용기 아래에 그대로 쌓여 있기만 한 것인지조차 눈으로 본 사람이 없다는 것이 문제다. 그냥 추측이라는 것이어서 격납용기 아래에 쌓여 있지 않다면 지금도 계속 땅을 녹이며 지하로 내려가는 동안 주변을 오염시키고 있다는 것인가?

워낙 숨기는 걸 잘하고, 워낙 어마무시한 짓을 잘도 하는 나라여서 일본이라는 나라의 공식적인 입장이라고 해도 이제는 어디까지 믿어야 할지 모르겠다. 겉으로 친절하고 상냥한 얼굴의 뒷면에 언제나 이런 예상치 못한 엄청난 모습을 가끔씩 보여주는 일본이라는 나라는 참 미스터리하다. 왜 그 모양인지. 답답한 마음에 이런 글이라도 써본다.

이럴 땐 언제고 커피 한잔 마시며 공감해 줄 사람이 있다는 것도 큰 위로다.

건강검진

나는 지병 때문에라도 건강검진을 소홀히 하지 않는 편이다.

예전보다 건강검진 수준이 높아져 내시경 검사를 통해 암을 조기 진단하여 사망율을 크게 낮추었다는 소식은 듣기에 좋다. 특히 대장 내시경을 통한 조기 암 발견과 예방 치료의 결과는 대장암 발생율도 크게 떨어뜨리고 있다니 얼마나 다행스러운 일인가 싶다.

고혈압, 당뇨와 같은 지병을 가지고 있는 나는 건강검진 받는 걸별로 꺼려하지 않는다. 건강보험의 혜택을 가장 잘 누리는 사람 중의 하나에 포함되어 있다는 사실을 자랑삼아야 하는 것인지는 모르지만 어쨌든 나 같은 사람도 큰 비용 부담없이 정기적으로 내 몸 전체를 한 번씩 훑어보고 건강 상태를 알 수 있게 됐다는 점은 바람직한 일이다.

건강검진을 받는다는 게 누군가에게 나의 내밀한 속을 까발린다는 기분이 들어 꺼려지기도 하는 건 맞다. 하지만 한 번쯤 건강 상태가 어떤지 객관적으로 점검해 보는 것은 묵은 때를 벗겨 내야 하는 것처럼 어쩌면 의무적인 일이라 할 수 있다. 검강검진 하면 제일 애를 먹는 것이 내시경 검사, 그중에서도 대장 내시경 검사가 아닐까 싶다. 이건 단순히 피를 뽑거나 소변을 받아 검사를 하는 것을 넘어 전날부터 미리 준비를 해야 하는 수고스러움을 요구하고, 화장실을 들락거리는 일이 계속 반복될 생각을 하면 진저리를 칠 만도 하다.

더구나 내시경 검사라는 게 검사장비를 몸속으로 들어오게 하여 내 속을 이리저리 헤집게 허락하는 일이니 기분 좋게 받아들일 수는 없겠다. 특히, 대장내시경 검사는 더욱 사람을 미치게 한다. 위 내시경 검사야 전날부터 금식을 하는 정도로 해결될 일이지만 대장 내시경 검사를 위해서는 금식은 물론 몸속을 씻어 내듯 비워 내야 하는 과정이 필요하다.

검사를 받기 전에 미리 받아 온 종이박스에는 그 강력한 위력을 숨기고 있는 가루약이 물통과 함께 들어 있다. 저녁부터는 아무 것도 먹지 말고 가루약 봉지를 물통에 넣고 물을 타서 마시라는 안내서를 그대로 따라 하기 전에 1리터 정도의 물을 먼저 들이켜야 한다. 500ml의 물에 가루약을 풀어서 마신 다음 500ml의 맹물을 곧바로 들이키도록 하는 것도 모자라 30분만에 같은 일을 반복하도록 강요한다.

극히 사무적으로 기재된 안내서를 따라 해야 검사를 받을 자격을 얻게 되니 적당히 회피할 수도 없다. 그리고 나면 이제 의지와는 상관없이 몸이 알아서 반응할 차례가 되고, 밤새워 화장실을 들락

거리는 사이에 서서히 영혼이 빠져나간 듯 정상적인 사고 기능이 정지되고 만다.

그렇게 지쳐 가는 사이 안내서는 마지막으로 한 번 더 그 찝찔한 맛의 액체를 들이켜야 한다고 알려 준다. 지시를 착실히 따르고 있는 내 몸은 이제 그만 좀 하라는 듯 지친 기색이 역력하다. 배고픔과 피곤함에 정신을 차리지 못하는 중에도 마지막으로 몸을 씻고 검사를 받기 위해 휘적휘적 새벽길을 걸어 병원에 도착한다.

일단 병원에 도착하면 그때부터 누군가 내 이름을 막 불러 대기 시작하고, 그러면 나는 환자복을 죄수복처럼 입은 죄수마냥 무력하게 지정하는 장소로 이리저리 끌려다니는 신세가 된다. 병원의 이런 무례한 행패에도 아무런 저항조차 하지 못하고 내 몸을 맡긴다. 여기서는 창 같은 주사바늘이 내 몸에 사정없이 구멍을 내도 비명조차 마음대로 지를 수 없다. 저항이 무의미하다는 걸 내 몸도 본능적으로 아는 듯 힘이 쭉 빠진다.

심장과 다른 장기의 초음파 검사를 받기 위해 끈적거리고 차가운 액체가 거북스레 몸에 뿌려져도 불평할 수 없고, 살갗을 비집고 들어온 주사바늘을 통해 한때 열정으로 뜨거웠던 피가 몸 밖으로 빠져나가도 항의할 수 없다.

한참 시달린 끝에 드디어 내시경 검사를 하는 순간이 다가온다. 내 앞으로 내밀어진 뭔지도 모르는 액체를 역겹게 마시고, 팔뚝에는 수면을 유도하는 약물이 들어갈 자리에 또다시 창 같은 주사바늘이 꽂혀 이동용 침대에 뉘어지고 나면 그것으로 내 의식은 끝난다. 의식과 무의식의 경계가 거기에서 갈린다.

　잠시 눈을 감았다 떴다는 생각만 들었는데 어느새 내시경 검사가 모두 끝나 있다. 주위에는 나와 같은 처지의 사람들이 정신을 잃고 쓰러져 연신 신음하고 있다. 정신이 들어 버린 나는 눈의 초점을 맞추기 위해 힘을 주면서도 사냥꾼에게 잡힌 들짐승이 달아날 기회를 엿보려는 듯이 발가락을 꼼지락거려 본다. 발가락을 스스로 움직일 수 있다는 감각을 느끼는 순간 더 이상 침대 위에 버려져 있는 꼴이 부끄러워 얼른 일어나 휘청이는 몸의 중심을 잡으려 애쓴다.

　하지만 몸부림의 결과는 말없이 취조를 받는 죄수의 운명처럼 이미 정해진 답을 들어야 한다는 것 뿐이다. 다행히 특별하게 발견된 종양이 없다는 검사 결과는 그 모진 고행의 가장 이상적인 해피엔딩이라서 불평 한마디 할 수도 없는 처지가 되고 오히려 감사의 인사까지 하고 만다. 그 유일한 말을 듣고자 오늘 하루 이런 수고를 마다하지 않는 것이다.

　약 8년 전에 처음으로 대장내시경 검사를 받았을 때는 무려 3개의 선종(폴립)이 발견되어 그 자리에서 떼어낸 적이 있는데, 그 이후로는 다행히 다른 이상이 발견되지는 않고 있다. 고등학교 친구가 몇 년 전 대장암 판정을 받고 고생스럽게 투병생활을 하다가 완치되지 못해 운명을 달리하기도 했는데, 이런 불행을 생각하면 검사를 받기까지 다소 힘든 과정을 거친다 한들 충분히 가치 있는 일을 하는 것이다.

내시경 검사를 마치고 나서 홀가분한 마음으로 집에 와서 밤새 뱃속을 혼란스럽게 만들던 세장제의 성분이 도대체 뭔지 궁금해서 아직 버리지 못하고 있던 세장제 박스를 가져다 그 성분을 알아봤다. 개별포장으로 된 4개의 작은 비닐봉지 안에 A제라고 써 있는 큰 용량의 제품과 B제라고 써 있는 작은 용량의 제품이 있었는데, A제의 성분표시에는 폴리에틸렌글리콜, 무수황산나트륨, 염화나트륨, 염화칼륨이라고 적혀 있고, B제의 성분표시에는 아스코르브산, 아스코르브산나트륨이라고 적혀 있다.

염화나트륨과 염화칼륨 정도는 들어 본 성분이지만 나머지 성분은 생소한 용어라 그게 뭔지 인터넷을 찾아 봤다.

폴리에틸렌글리콜(PEG)은 계면활성제의 일종이라 하니 우선 뭔가를 잘 닦아 내게 하는 물질이라는 건 알겠는데, 이것이 유해성분으로 분류된다고 하는 걸 보면 찜찜하기는 하다. 이 물질 자체가 발암성이 있는 것은 아니지만 이를 제조하는 과정에서 만들어지는 에틸렌옥사이드, 다이옥산 성분이 발암물질이라는 것이다. 폴레에틸렌글리콜을 흡입하거나 섭취했을 때 간장, 신장 등에 부작용을 일으킬 수 있고, 폐렴, 호흡부전 증후군이 아주 드물게 일어날 수 있다고 한다.

무수황산나트륨은 황산나트륨이 수분을 흡수하지 않은 상태의 물질을 말한다는데, 황산나트륨은 가정용 분말 세제의 제조나 종이 펄프화를 위한 공정에 주로 사용되는 물질이고, 의료분야에서는 17

세기 독일의 의사 J. R. 글라우버가 설사제, 이뇨제 등의 의약품으로 사용했다고 하여 글라우버염이라고도 부른단다. 이 성분은 일반적으로 무독성이지만 분말 형태로 사용할 때 일시적인 천식이나 눈 자극의 염려가 있다고 한다.

염화나트륨은 모두 알고 있다시피 소금 성분이니 세장제를 마실 때 찝질한 맛이 났던 것의 주원인이 여기에 있었을 것이다.

염화칼륨은 쓰고 짠맛이 있는 무색 결정으로 의료분야에서 링거액 등을 만드는데 쓰이고, 공업분야에서는 비료의 원료로 쓰인다고 한다.

아스코르브산은 비타민C를 말한다고 하니 이는 더 이상 알아볼 필요도 없다. 아스코르브산나트륨은 비타민C 강화제를 말한다고 하는데, 주스, 잼류에 첨가하거나 산화방지제로서 고기제품의 변색방지, 어패류의 유지산화의 방지 등에 이용된다고 한다.

이렇게 찾아보니 결국 내가 대장 내시경 검사를 받기 위해 수고스럽게 마셔 댔던 약은 마치 뱃속을 빨래하듯 닦아 내서 물과 함께 배출시키는 역할을 했다는 걸 알겠다. 밤새 마신 물의 양이 무려 4리터나 되는데, 찝질한 맛으로 역겨운 느낌에 비해 훨씬 적은 양의 물을 마셔도 되는 약도 있다고 하지만 그런 약은 탈수나 전해질 이상이 발생할 가능성이 있어 신장기능이 약한 사람에게는 위험하다고 하니 조심할 일이다.

조금 더 수고스러워도 덜 염려스러운 방법으로 뱃속을 비워 내는 것이 좋다는 것은 두말할 필요도 없다. 고생은 좀 했지만 내시경 검사를 받기 위해 뱃속을 모두 비워 낸 덕분에 이제서야 영혼까지 홀가분해진 기분이 되었다면 그나마 밤새 고생한 위안이 될 것이다.

음식 궁합

이러니저러니 해도 나와 가장 안 맞는 음식은 술이다.

단 한 번도 술을 이겨보지 못했으니 하는 말이다. 많은 세월 동안 합을 맞춰 보려고 끊임없이 노력해 왔으나 결국 술 앞에서 고개를 못 들고 모든 의욕을 상실케 하는 그 뒤끝을 감당하기도 벅차니 술과 제대로 궁합이 맞는다고 할 수는 없다.

우리는 먹고 마시지 않고 살 수 없는 존재이니 무얼 먹고 마시느냐의 문제를 넘어 우리 몸에 잘 맞아 충실하게 영양소를 공급해 줄 음식을 가려 먹는 일의 중요성은 다른 무엇보다 앞선다. 암으로 투병하는 환자의 가장 큰 고민은 바로 제대로 먹지 못한다는 데 있고, 심지어 암환자가 결국에는 굶어 죽는 것이라고 말하는 전문가도 있는 것을 보면 제대로 먹는 일이 얼마나 중요한 일인지 알 것 같다. 그렇다고 내 입맛에 맞는 음식 한 가지만 줄기차게 먹을 수도 없으니 여러 종류의 음식을 먹는 과정에서 서로 맞지 않는 음식을 잘 따져 볼 필요도 있다.

우리가 흔하게 마시는 녹차는 향긋한 푸른 맛을 풍기며 뭔가 입 안에 텁텁한 느낌이 들 때 마시면 입맛뿐 아니라 기분을 평안하게 해 주기도 한다. 차갑게 마시는 녹차 맛은 따뜻한 것과는 또 다른 풍미가 있다. 우리는 일본처럼 녹차를 우려 마시는 것 이외에도 녹 차잎 가루를 빵의 재료로 활용하거나 음식에 섞어 요리를 하는 경 우가 있다는데, 녹차는 가능한 차로 우려내어 먹어야 한다.

녹차를 우려서 차로 마시지 않고 가루를 직접 이용하면 알루미늄 성분을 섭취하는 꼴이라고 하는데, 일반 사람보다 약 10배가량 치 매 환자의 뇌 속에서 알루미늄 성분이 검출된다니 치매와 알루미늄 의 연관성을 의심하지 않을 수 없다. 그러니 녹차가루를 직접 음식 재료로 사용하는 건 현명한 일이라고 할 수 없다. 녹찻잎을 우려내 면 알루미늄 성분이 나오지 않는다고 하니 전통적인 방법으로 녹차 를 즐기는 게 제일 좋을 듯하다.

청량음료인 콜라에는 인이라는 물질이 다량 포함되어 있는데, 인 은 우리 몸에서 칼슘을 흡수하는 걸 방해하는 역할을 해서 아이의 성장에 필요한 칼슘을 부족하게 하고, 음식을 만드는데 주요 재료 로 쓰이는 파에도 인과 유황 성분이 많아서 미역 속에 들어 있는 칼슘 성분을 우리 몸에서 흡수하지 못하게 방해한단다. 그래서 미 역국을 끓일 때는 파를 넣지 않는 것이다. 파에 그렇게 인이 많다 는데, 그럼 파의 독특한 향과 맛을 포기해야 한다는 것인지 갑자기 심각해진다.

오이, 당근, 호박, 가지와 같은 채소에는 비타민C를 파괴하는 효소인 아스코르비나아제(ascorbinase)라는 성분이 많이 포함되어 있어서 이러한 채소를 먹을 때는 비타민C가 많이 포함되어 있는 음식을 함께 먹는 것이 좋단다. 다행인 건, 이런 작용은 익히지 않고 생으로 먹는 경우에 해당하는 것이라서 가열해서 먹으면 그런 염려는 없단다. 더욱이 아스코르비나아제(ascorbinase) 효소는 산에 약한 성질을 가지고 있어 식초와 함께 먹으면 비타민C가 손상되는 것을 방지할 수 있다니 오이무침을 할 때 식초를 넣어서 매콤새콤하게 만들었던 것은 다 이유가 있었던 거다. 등산갈 때 오이 하나씩은 가져 가는데, 이제부터는 초고추장도 함께 가져 가야겠다.

활성산소가 우리 몸에 나쁘다고 하는 것은 활성산소가 소독약으로 사용하는 과산화수소라는 물질을 우리 혈액 속에 만들기 때문이라고 한다. 혈액 속에 그렇게 독한 소독약이 돌아다니면서 우리 몸의 세포를 공격해 암세포의 증식 속도를 높이는 것이니 당연히 활성산소가 좋지 않다는 것인데, 이러한 활성산소가 자연적으로는 우리 몸에서 없어지는 것이 아니라서 반드시 이를 중화시켜 주는 항산화물질이 들어와야 하기 때문에 항산화물질이 많이 들어 있는 음식의 섭취가 필요하다는 것이다.

색깔이 들어간 채소에는 항산화물질이 많이 포함되어 있다고 보면 되는데, 토마토가 대표적으로 황산화물질을 많이 포함하고 있다고 한다. 토마토의 항산화성분 중 리코펜(라이코펜)은 지용성이므로 흡수율을 높이기 위해서 삶거나 구워 먹는 것을 추천하며, 그 외에도 올리브오일과 함께 섭취하거나 호두 한쪽을 함께 섭취하면 흡수율을 크게 높일 수 있단다.

호두는 지방이 많이 포함되어 있어서 우리가 호두를 먹으면 호두 속의 지방을 분해하기 위해 우리 몸에서 지방분해 효소가 왕성하게 나와 토마토 속에 있는 지용성 항산화물질인 리코펜(라이코펜)의 성분을 모두 흡수할 수 있게 도와 준다는 것이다.

삼겹살과 가장 잘 어울리는 건 뭐니 뭐니 해도 소주일 텐데 삼겹살과 소주는 음식궁합 중에서 최악으로 손꼽는단다. 삼겹살의 지방과 소주의 알코올 성분이 만나면 지방을 체내에 축적하게 해서 살이 찌는 것은 물론 삼겹살의 포화지방산이 알코올 해독도 방해하기 때문에 간에 무리를 줄 수밖에 없단다. 게다가 맥주와 치킨, 땅콩 역시 음식궁합으로는 좋지 않다고 하니 술 좋아하는 우리 입장에선 펄쩍 뛸 일이다.

약을 먹을 때도 음식궁합을 따져야 하는데, 고혈압 약을 먹는 사람이나 신장 기능이 좋지 않은 사람은 칼륨이 풍부하게 들어 있는 수박, 복숭아, 참외, 자두, 토마토, 멜론, 바나나, 오렌지, 자몽과 같은 과일이나 시금치, 당근, 미나리, 양파, 상추, 양배추, 오이와 같은 푸른잎 채소를 피하는 것이 좋단다. 대부분의 고혈압 치료제는 칼륨의 양을 늘리는 작용을 하고 있어서 가뜩이나 칼륨이 높아진 우리 몸에 칼륨 성분이 많은 과일, 채소까지 더하게 되면 칼륨이 과다하게 되어 고칼륨혈증이 나타나게 될 수 있고, 이러한 고칼륨혈증은 부정맥, 심정지, 복통, 구토, 설사, 근육 쇠약, 피로와 같은 신체의 이상현상을 일으킬 수 있다는 것이다.

고지혈증 약이나 항불안제를 먹는 사람의 경우 자몽을 먹지 않아야 한다는데, 이는 자몽의 쓴맛을 내는 성분이 간에서 약을 분해하는 것을 방해하기 때문에 약이 제대로 분해되지 않아 약효가 과도해지는 문제를 일으킬 수 있다는 것이다.

부정맥, 뇌경색, 심방세동, 폐색전증, 각종 혈전증으로 인해 혈액을 굳지 않게 하는 항응고제를 복용해야 하는 사람들은 비타민K가 많이 들어 있는 음식인 양배추, 시금치, 상추, 브로콜리, 파슬리, 계란, 케일, 간, 녹차, 냉이, 근대, 마요네즈, 샐러드유, 콩기름 등을 섭취하는 걸 자제해야 하는데, 이는 비타민K에 혈액을 잘 응고시키는 성질이 있어 항응고제와는 상극이라 한다. 비타민K의 K는 koagulation(응고)라는 말의 앞머리 글자를 딴 것이란다.

우유는 비교적 안전할 거라고 생각하지만 우유는 약알칼리성을 띠고 있어 위산을 중화시키고, 장까지 가서 효과를 내야 하는 변비약과 함께 먹으면 변비약을 위장에서 녹여 버려 약효가 떨어지면서 심하면 복통까지 일으킬 수 있고, 항생제와 항진균제 역시 우유와 함께 먹으면 우유가 약의 흡수를 방해한다고 한다.

우리가 약을 복용할 때 특별히 음식과 함께 먹지 말라고 하는 것 이외에는 대부분의 약은 식사를 하기 전후나 식사 도중에 복용하더라도 큰 문제는 없다고 하는데, 흔히 식사를 한 후 30분이 지나서 약을 복용하도록 하는 것은 약 성분의 혈중 농도를 유지하는 시간과 관련이 있다고 한다. 약 성분이 효과적인 혈중 농도를 유지하는 시간이 약 5~6시간으로 맞춰져 있는데, 이런 시간은 식사 간격과 일치한다는 것이다.

또한, 과일은 지병이 있는 사람이 먹으면 아무래도 득이 되지 않는다고 하니 과일에서 얻을 수 있는 영양소는 그냥 약으로 먹는 게 좋지 않을까 싶다. 지병이 있는 사람들에게 맞게 제약회사에서 당뇨, 고혈압, 고지혈증이 있는 사람이 먹는 전용 종합영양제, 신장이 좋지 않은 사람이 먹는 전용 종합영양제와 같은 영양제 상품을 만들면 좋지 않을까?

고기를 많이 먹으면 암에 걸릴 확률이 높다고 하는데, 고기를 먹을 때 소화에 도움도 되고 암에 걸릴 걱정을 조금이라도 덜게 하는 것으로는 깻잎이 그렇게 좋단다. 깻잎에는 철분, 칼슘과 같은 무기질과 비타민C, 비타민A 성분이 많을 뿐 아니라 섬유소가 많아 고기와 궁합이 잘 맞는다고 하며, 특히 돼지고기는 습기가 많고 찬 성질이 지니고 있어 건조한 채소인 깻잎과의 궁합이 좋은 음식으로 꼽힌다고 한다.

새우젓을 돼지고기와 함께 먹으면 새우젓이 발효되면서 단백질 분해효소인 프로테아제가 분비되어 소화가 잘 된다고 하니 돼지고기를 새우젓에 찍어 깻잎에 싸먹으면 최고의 조합이겠다.

반찬으로 많이 해 먹는 채소 음식 중 시금치는 칼슘을 많이 함유하고 있고, 칼슘은 지방이 우리 몸에 흡수되는 걸 줄여 주어 고혈압을 예방하는데 도움이 된다고 하는데, 그에 반해 두부, 멸치와는 아주 상극이라고 한다. 시금치에는 옥살산 성분이 있어서 두부, 멸치의 칼슘 성분과 결합하게 되면 불용성 옥살산칼슘을 만들고, 이는 우리 몸의 칼슘 흡수를 줄이고 결석까지 생기게 할 위험이 있단다.

시금치 무침과 두부전, 멸치볶음에 참깨가 솔솔 뿌려져 나오면 그건 음식 센스를 칭찬해 주어야 한다. 참깨는 시금치의 옥살산 성분을 무력하게 해 주는 역할을 한다니 시금치 위에 참깨가 뿌려져 있으면 멋은 둘째치고 먹는 사람을 생각해 준 만든 이의 정성에 고마워해야 한다.

술을 마시게 되면 우리 몸에서 칼륨이 빠져나가는데, 오이를 같이 먹으면 이렇게 빠져나가는 칼륨을 보충해 주기 때문에 오이와 술은 나름 궁합이 잘 맞는 음식이다. 소고기와 부추는 모두 열이 많은 성질을 가지고 있기 때문에 같이 먹게 되면 소화불량과 두통을 유발할 수도 있다고 한다.

마지막으로 우리가 해외 여행을 가서 호텔 뷔페 조식으로 간단하게 빵과 함께 오렌지 주스를 먹기도 하는데, 빵처럼 전분으로 만든 식품은 우리 입 속의 침에 포함된 프티알린이라는 성분에 의해 먼저 소화가 일어나는 반면 프티알린 성분이 오렌지 주스의 산성과 만나면 제대로 효과를 발휘하지 못해 소화를 지연시키는 작용을 한단다.

우리의 삶에서 먹는 것이 차지하는 비중이 절대적이라는 면에서 보면 한 번쯤 이렇게 따져 보는 것도 좋을 듯싶어 정리해 봤다.

음식궁합이라고 하니 입이 짧아 빼빼 마른 친구가 생각나는데, 그 친구는 음식궁합이고 뭐고 일단 뭐 좀 막 먹어야 한다.

같이 밥 한번 먹어야 할까 보다.

딸의 서울살이

큰딸이 2019년 11월 29일 서울 신림동 월세방으로 짐을 옮겨 놓기 위해 서울로 가게 됐다. 다음 날 본격 월세계약을 하기에 앞서 미리 짐을 가져다 놓고 필요한 살림도구를 갖춰 놓을 겸 방구경도 하기 위해 큰딸 혼자 보낼 수 없어 작은딸과 동행하여 아침 기차를 타고 서울로 향했다.

법률사무소에서 근무한 경력이 좀 되고 자기 경력을 알아주는 곳을 찾다 보니 큰딸이 서울까지 가게 됐는데 나는 주변 사람들의 염려와는 달리 오히려 딸에게는 새로운 기회가 될 거라는 생각에 긍정적이다. 경력만큼 서울에서는 큰딸에게 알맞은 직위와 급여를 보장해 준다고 하니 얼마나 다행스러운지 모른다.

사실 대전에서는 큰딸의 경력을 제대로 활용할 만한 자리가 쉽게 나오지 않고, 허접한 자질을 스스로 모른 채 자리를 축내며 편협하고 못된 심성을 혀끝으로 놀리는 무리들이 들끓어 대는 지역적인 폐쇄성에서 벗어날 수 있다는 데에서도 큰 의미가 있었다.

금요일의 일탈이라는 여행 기분을 느끼는 데는 고속열차에 올라타는 것도 좋은 방법이다. 미리 배낭에 채워 둔 캔맥주와 건어물 안주를 꺼내 열차가 바깥의 찬 공기를 둘로 가르며 질주하는 동안 옆에 앉은 작은딸과 맥주를 비워 내기 시작했다. 캔맥주 1개 분량만큼의 세상이 빼꼼히 드러나는 기분이었다.

서서히 모습을 드러내려던 세상은 얼굴에서 웃음이 채 가시기도 전에 우리를 열차에서 밀어낼 준비를 했다. 열차의 빠르기는 인정머리가 없어 탔다는 기분이 가시기도 전에 찬바람이 부는 플랫폼에서 숨을 고르고 있다.

지하철을 타고 신림역에서 내려 도착한 딸의 숙소는 시장 길로 들어선 후 편의점 부근에서 얼마 떨어져 있지 않은 주택가의 11층짜리 원룸 건물의 6층으로 대도시에서의 생활을 이런 규모에서 시작해야 한다니 마음이 편치 않았다. 그나마 숙소 바로 옆에는 피자 가게가 있고, 가까이에는 시장통과 편의점까지 있어 생활하는데 불편함을 느끼지는 않을 것 같아 마음이 놓였다.

어차피 서울이라는 데는 생활의 편리성에 집중된 도시이니 숙소만 정해지면 그럭저럭 살 수 있을 거라는 생각으로 불편한 마음을 조금은 달랬다. 건물을 지은 지 얼마 되지 않은 듯 깨끗하면서도 출입구에 스크린도어까지 설치되어 있어 조금이나마 안전에 신경을 쓰고 있다는 것과 작은 방에 비해 비대칭적으로 커서 절대 쪼그리고 샤워할 일은 없을 화장실 때문에 억지 위안을 삼고, 딸이 생활하는데 당장 필요한 생활용품을 사 주려고 저가형 매장에 들러 급한 대로 이것저것 골라 숙소에 들이밀었다.

아비로서 되도록 많은 걸 사 주고 싶은 마음과 달리 큰딸이 자꾸만 거절하는 태도를 옆에서 지켜보는 작은딸의 표정이 우습다. 작은딸은 큰딸보다 훨씬 현실적이고 유연한 태도인데 반해 큰딸은 공연한 고집으로 세상살이를 부대끼며 살아가는 게 아닌가 하는 우려를 갖게 한다. 자기 능력이 보통보다 훨씬 출중해서 또는 남들보다 훨씬 재수가 좋아 금전적인 여유를 누릴 수 있는 처지라면 몰라도 너무 고집만으로 살아가는 건 자기에게 상처만 줄 수 있다. 부모가 도움을 줄 수 있고, 도움을 주려는 마음을 안다면 굳이 밀어낼 이유가 없다.

자식에 대한 도움을 필요 이상으로 아끼는 부모도 엄연히 존재하는 현실을 안다면 그렇지 않은 마음을 가진 나에게는 언제든 손을 벌려도 좋으련만 너무 웅크린 채 좀체 내밀 줄 모른다. 세상이 자기를 중심으로 돌아가야 한다는 마음을 가지고서는 어느 것 하나도 자기가 세상의 중심으로 들어가기 어렵다는 이치를 깨닫는 데는 어느 정도의 시간이 필요할 것이다. 다만, 그 시간이 되도록 짧게 끝나기를 바라는 마음으로 그저 지켜볼 수밖에 없는 것이 안타깝다.

그리고 사람인 이상 남과 타협하지 않고는 살아갈 수 없다. 내 자식이 남들과 원만하게 잘 섞여 자신만의 둥지 속에서 무한히 자유를 누리며 살아갔으면 하는 마음이다. 거기에다 딸을 잘 보호하고 큰 바람막이가 돼 주면서 함께 자유를 누리는 좋은 반려자를 만나기를 바란다. 돈이 많거나 재주가 많은 사람보다는 인생을 가볍게 여기지 않고 진지한 자세로 삶을 즐기며 살 수 있는 그런 반려자면 좋겠다. 부디 큰딸이 서울 생활에 잘 적응하면서 그런 반려자와 인연이 되면 얼마나 좋을까 하는 마음이 크다.

매장에서 적당한 물품을 산 후에는 아직 숙소 청소가 안되어 있었기에 우선 옷장에 물품을 밀어 넣고 나서 딸들과 점심식사를 하러 신림역 근처의 추천 받은 순대집을 찾아갔다. 그곳 종업원이 추천하는 백순대볶음을 시켜 놓고 남들이 먹는 방식이라며 알려 주는 대로 깻잎에 순대볶음과 양념장을 넣고 소주와 맥주를 섞어 함께 먹어 보니 딸에게 품은 걱정과 근심도 함께 목구멍으로 씻겨 내려가는 느낌이다.

사는 모습이 항상 평탄해서야 뭔 재미가 있을까 싶지만 그래도 내 딸들은 가능하다면 치열하게 살지 않기를, 설령 치열한 환경이 주어지더라도 치열함을 느끼기보다는 오히려 즐기는 모습으로 살아가기를 바란다.

이제 큰딸을 서울에 남겨 놓고 평일의 맑은 하늘과 많은 사람들의 바쁜 걸음 사이를 흐르는 물처럼 재주 좋게 빠져나가는 사이에 대전으로 가는 고속버스터미널에 도착했다. 미리 예약한 고속버스에 올라 큰딸이 빠진 자리를 작은딸과 캔맥주 1개씩으로 채우고 나니 이내 막중한 중량의 나른함이 이제 막 마취제의 효과가 나타나는 수술대의 환자처럼 온몸을 무력하게 만든다. 얼마나 있었는지 의식하지도 못한 채 버스의 기분 좋은 흔들림에 막연히 취해 있던 영혼은 목적지가 가까워지자 내 몸을 흔들어 깨운다.

이제부터 큰딸의 서울생활이 어떨지, 잘 적응할 수 있을지, 공연한 시비에 휘말리지는 않을지 온통 걱정이다.

한편으로, 지금까지의 환경과는 다르게 본격적으로 독립된 삶을 시작하는 큰딸에게는 낯설음의 두려움을 견뎌야 하는 시간이 필요할 것이고, 이를 통해 분명히 거친 인생 앞에서도 한걸음 더 의연하게 살 수 있는 계기가 될 것이다.

아프리카 초원의 갓 태어난 여린 톰슨가젤 새끼가 뒷발을 바들바들 떨며 땅을 딛고 일어서려 애쓰는 그 모습이 큰딸로부터 읽히지만 그런 발버둥을 부모라서 함부로 손 내밀 수도 없어 그저 마음만 졸이며 바라봐야 한다. 어쩔 수 없이 제대로 사는 길에 들어서야 하는 딸의 인생에서 부디 남들과 큰 충돌 없이, 남들의 불필요한 간섭 없이 잘 적응하며 살아가기를 바랄 뿐이다.

진보와 보수

기성세대의 질서를 의도적으로 깨뜨리고자 하는 사람들이 있다.

이들은 자신들의 생각에 모두가 귀기울여 새로운 질서로 세상이 돌아가기를 희망한다. 더 나아가서는 당연히 그렇게 되어야 한다는 고집으로 물리적 충돌을 일으키기도 한다. 기성세대와는 다른 길을 선택하려는 사람들의 성향을 흔히 부르는 말이 진보다. 진보도 그 성향의 경중에 따라 여러 갈래로 나뉘기도 하지만 어쨌든 기존의 질서에 비판적인 태도를 가지는 것만은 분명하다.

기성세대는 안정적인 현재의 상태를 변함없이 그대로 유지시키려는 경향이 있으므로 진보세력의 개입은 보수적인 질서에 어느 정도의 혼란을 야기하는 것은 어쩔 수 없는 현상이다. 이들의 활동은 구태한 현실을 새롭게 설정하는 이정표를 제시하기도 한다는 점에서 때로는 신선한 자극으로 환영받기도 한다. 그런데, 여기서 드는 궁금증 하나는 보수적인 질서를 흔드는 진보는 그를 훨씬 뛰어넘는 한 차원 더 높은 다른 성향을 만났을 때는 어떤 모습인 걸까?

기존의 질서를 깨뜨리는 진보 자체를 신랄한 비판의 대상으로 여기는 다른 성향을 받아들이는 일에 인색하다면 그건 그저 또 다른 보수의 다른 모습일 뿐이다. 어느 쪽이든 자신의 목소리를 높이던 사람은 그 소리를 비판하는 다른 사람의 목소리에도 반드시 겸허하게 귀기울여야 할 책임이 있다.

사회현상으로 보는 진보와 보수의 경계는 모호할 수밖에 없지만 나는 굳이 어떤 잣대를 갖다 대면서 구분하는 것에는 어딘지 정치적이고, 인위적인 냄새가 나서 거북스럽다. 관념의 문제를 칼로 무 베듯이 단정적으로 구분 지으려는 시도 자체가 잔망스럽다. 사실 진보와 보수는 동일하다. 진보의 시간이 어느 정도 흐르면 자연스레 보수화되는 것이어서 태생적으로는 같은 모습이다. 어느 시점에서 바라보느냐의 차이일 뿐이지 절대성이 있다고 할 수도 없다.

유시민의 저서 "어떻게 살 것인가"에서 사람은 나이가 들수록 덜 진보적 또는 더 보수적으로 변하고 진보적인 젊은이가 보수적인 노인이 되는 경우는 매우 흔하며, 청년 유권자들은 부모님 세대 유권자들을 너무 원망하지 않는 게 좋겠다고 말한다. 그러면서 고령 유권자들도 일부러 그러는 게 아니라 그냥 자연스럽게 그리된 것일 뿐이라고 과감하게 해답을 던지고 있는 것을 보더라도 진보 역시 늙는 게 맞다. 심지어 생물학적 현상이라고까지 말한다.

이렇게 극단적인 대립으로만 볼 수 없는 이상 진보가 새로운 생각으로 기존의 질서와 관념을 깨야 할 필요가 있다 하더라도 반드시 정직과 인간애의 덕을 잊어서는 안 된다. 진보의 모습은 종종 자신의 신념에 너무 빠져 버려 기본적으로 지켜야 할 덕행조차 잃어버리는 잘못을 저지르기 쉽다. 너무 강한 신념은 최소한 갖추어야 할 기본마저 마음 내키는 대로 재단하려 하고, 심지어 목적을 위한 희생에도 적절한 한계를 두지 않으려는 무모함을 드러내기도 한다.

신념은 자칫 근본주의로 빠질 수 있고, 그런 상황에 처하면 몸이 마비되어 가듯 서서히 유연성을 잃어가며 스스로 깨지지 않는 틀 안에 갇히고 만다. 유연성을 잃은 사고는 처음의 뜻을 빛내기는커녕 오히려 빛을 막는 어둠의 무리로 몸을 숨기게 될 뿐이다. 세상에 빛을 내려고 시작했을 일이 어둠으로 파고들 때 혹시나 하는 기대를 갖던 이들에게는 불신을 남기거나 정의롭지 못한 현실에도 무감각해지는 비뚤어진 내성을 남기게 된다.

이런 것이 진정 무서운 일이고 때 늦은 후회를 만들 수 있는 것이다. 이래서 어설프게 흉내 내기를 시도하다가는 아니한 만 못하게 많은 사람들에게 오래도록 상처를 남기게 될 것이다.

마오쩌뚱이나 스탈린, 킬링필드의 폴포트도 모두 한때는 지독하게 비뚤어진 진보의 틀 안에 갇힌 나머지 혁명을 통해 마치 무언가를 크게 할 것처럼 행동하고 사람들을 현혹했다. 그러나 마오쩌뚱이나 스탈린 때문에 죽은 인민이 최소 4,000만 명에 이른다는 사실이나 킬링필드의 폴포트가 무려 국민의 4분의 1에 해당하는 200만 명 이상의 사람을 죽였다는 사실만 남겼을 뿐 선한 결과는 어디에서도 찾아볼 수 없다. 이런 결과는 오로지 자기의 틀 안에 갇힌 사고에만 집중해서 기본적으로 지녀야 할 덕행을 잊은 데서 비롯된다.

정직의 길을 절대 포기하지 않을 원칙으로 삼는다면 어떤 신념이 원래 그리 되기를 바라는 방향으로 가지 않을 때에도 신념의 오류를 인정하게 될 것이다. 또한, 인간애를 원칙으로 삼는 이상 자기의 신념이 원래 그리 되기를 바라는 방향으로 간다 하더라도 뜻하지 않은 큰 희생의 위험 앞에서는 역시 스스로 멈출 줄 알 것이다.

이러한 원칙을 지켜내지 않는 한 아무리 새롭고 기발한 생각이나 신념이라도 아무런 의미가 없다. 진보를 외치며 행동하려는 사람이 정직과 인간애의 덕을 자기 몸처럼 소중히 하지 않을 거라면 애초에 시작도 말아야 한다. 시작해 놓고 어떤 사정이 변했다는 말은 그저 세상을 한번 웃겨 보려던 충동이었음을 인정하는 꼴이다. 그래서 간혹 현실에서도 코미디 같은 어이없는 일을 보게 되는 일도 생기는 것이다.

마오쩌뚱, 스탈린, 폴포트는 모두 인간 생명의 존엄성 따위는 팽개치고 철저하게 자기 신념에만 빠져 자기 하고 싶은 짓만 하다가 죽은 사람들이다. 거기에 어떤 변명도 필요 없다. 정직하지도 못했던 그저 한때 세상을 슬프게 웃겼던 사람들이다. 그만한 그릇도 되지 못한 이런 사람들에게 권력을 쥐어 주게 된, 그래서 우리가 얼마나 바보가 될 수 있는지를 잘 보여주는 본보기다.

아돌프 히틀러를 빼 놓으면 죽은 그가 벌떡 일어날 것 같아 여기에 딱 한 줄만 적는다.

최소한의 덕행을 가차없이 버린 이상 그들은 그냥 학살자에 불과하다. 진보라 하면 더 큰 그릇이어야 마땅하다. 간장 종지만한 마음으로는 무얼 하겠다고 나서지도 말아야 한다.

불과 16살의 나이에 노자 도덕경의 주석집을 펴낸 왕필은 도덕경의 허(虛)를 말하면서 夫執一家之量者, 不能全家(부집일가지량자, 불능전가 ; 무릇 한 가정을 다스릴 줄 아는 역량을 가진 사람은 그 가정을 보전할 수 없고) 執一國之量者, 不能成國(집일국지량자, 불능성국 ; 한 나라를 다스릴 줄 아는 역량을 가진 사람은 그 나라를 이룰 수 없다)이라고 말했다. 한 가정이나 한 나라를 다스릴 정도의 작은 역량만 가지고는 가정이나 나라를 제대로 세울 수 없으니 그보다 훨씬 높은 역량을 가진 사람이 나서야 한다는 말이다.

스스로 무얼 바꿔 보겠다고 나서는 진보라면 자기의 역량을 훨씬 크게 갖춰 올바름을 유지하고 있는지를 끊임없이 반문해 보아야 할 사명이 있겠고, 혹여 어느 순간이라도 일말의 사사로움이 생기거나 흐트러진 마음을 온전히 유지할 수 없게 되었다고 느끼는 순간 미련 없이 모든 걸 버리고 잊혀지면 되는 것이다.

남보다 앞선 생각을 가졌다고 거창하게 시작하였다가 정작 그 끝에서는 자신이 그렇게 바꾸고 싶어 하던 현실과 적절히 타협하고 마는 진보라면 조용히 사라져야 한다. 영혼 없는 말과 행동이 무서운 이유는 믿음을 배신 당한 사람들의 원망이 있기 때문이다.

나쁜 짓은 도둑질만 있는 것이 아니다.

자동차 방향지시등에 대한 생각

나는 주로 걸어다니는 일이 많아서 자동차를 운전하게 될 일은 그리 많지 않지만 가끔 운전을 하게 되면 도로의 갈림길 구간에서는 습관적으로 자동차의 방행지시등을 켜기 위해 손이 움직인다. 심지어 커브길에서도 방향지시등 작동 스위치에 손이 올라가는 행동을 하는 스스로가 우습기도 하다. 자동차의 핸들을 크게 돌리는 일이 생기거나 차로를 바꿀 때 좌회전이나 우회전을 해야 할 때면 어김없이 내 손은 무의식적으로 방향지시등을 켜는 손잡이에 가 있다. 이런 행동에 길들여지는 건 그리 어려운 일도 아니다. 마음만 있으면 쉽게 습관이 된다.

아침 운동을 하는 새벽, 갈림길에 서 있는 내 앞에서 마치 도깨비 불처럼 마구 달려오는 자동차가 도대체 어느 방향으로 가려는 것인지 신호도 주지 않은 채 오른쪽이든 왼쪽이든 갑자기 방향을 틀어 버리는 걸 보면 왠지 화가 난다. 상대방에 대한 배려라고는 눈꼽만큼도 없이 온전히 자기 위주로만 세상을 살려는 것 같다는 생각에까지 이르면 화가 치민다.

도대체로부터 시작해서 왜 그럴까 하는 원망을 포함하여 궁극적으로는 자동차를 운전하는 사람의 인격을 한없이 끌어내리는 말로 내 감정을 드러낸다. 자동차 밖에 있는 행인으로서는 도대체 자동차가 어느 방향으로 움직이려는지 모른 채 엉거주춤 두려운 마음으로 그대로 서 있어야 하나, 아니면 재빨리 어느 쪽으로든 몸을 피해야 하나 하는 결정의 갈림길에서 비장한 고민을 할 수밖에 없다. 이런 상황은 마치 전쟁터에서 총알을 어떻게 피해야 할지 고민하는 것과 별반 다르지 않다.

대놓고 자동차와 같은 방향으로 몸을 움직였다가는 틀림없이 내 의지와는 상관없이 몸과 자동차의 육탄전이 벌어질 게 뻔하니 무조건 자동차 눈치를 잘 살필 수밖에 없다. 설마 알아서 피해 가겠거니 고집을 부리다가는 내 몸의 살과 뼈가 온전하지 못할 수도 있을 것이니 스스로 조심하지 않을 수 없다.

세상의 빛을 보고자 혈관에서 튀어나오는 선혈을 지켜보는 것보다는 내 쪽에서 알아서 피해 주어야 온전히 목숨을 부지할 수 있다. 그렇지만 아무리 내 쪽에서 먼저 자동차를 피해 주겠다는 마음을 가지면 무슨 소용인가?

갈림길에 서 있는 눈앞의 자동차가 신호를 보내 줄 생각도 없이 마구 달려오고 있으면 내가 할 수 있는 일은 그저 그 자리에서 놀란 토끼마냥 눈만 동그라니 뜬 채 멈춰 있을 수밖에는 달리 도리가 없다. 달아날 곳 없이 사방이 모두 하얗게 칠해진 공간에 갇힌 꼴이다. 내 앞에서 질주해 오는 자동차가 방향지시등을 켜야 할 때가 지나도록 아무런 신호를 주지 않고 달려오면 나는 잠깐 사이에도 생각할 수 있는 모든 욕을 입 안쪽으로 모아 놓는다. 이제 내 몸이 조금이라도 해코지를 당하면 비명 대신 잔뜩 모아 둔 욕을 밖으로 죄다 쏟아 낼 요량이다.

흉기와도 같은 자동차를 운전하는 동안 갈림길에서 어느 방향으로 가려는지 알려 주지 않으려는 운전자의 심보는 어떤 경우라도 큰 비밀을 발설하지 않겠다는 비밀요원 같은 비장함이 있는 것 같다. 어느 방향으로 갈 건지는 이제 운전자 이외에는 어느 누구에게도 알려지지 않는 일급비밀이다. 단순한 조작 한 번이면 모든 갈등이 간단히 해제돼 버릴 것을 갈림길에서 아무 것도 하지 않는 방법으로 나라는 사람을 어지간히 피곤하게 한다.

새벽에 일어나 운동하는 걸 즐기는 습관 때문에 어스름한 거리의 갈림길에 섰을 때면 자동차가 어느 방향으로 갈지 알지 못해 당황스러운 상황이 종종 생긴다. 방향지시등을 켜 주는 일은 아주 사소한 일이다. 하지만 그런 사소한 일에는 기본적으로 운전자의 배려심이 들어 있다. 남을 생각해 주는 선한 마음이 담겼다고 표현하는 게 지나친 것이라면 최소한 공동체 인간으로서의 자질은 인정해 주어야 한다는 걸로 정리하자.

사람끼리야 눈짓으로 또는 몸짓으로도 얼마든지 상대방의 방향을 가늠하는 일이 가능하지만 철판쪼가리의 결합으로 이루어진 자동차는 스스로 눈짓이나 몸짓을 상대방에게 보낼 수도 없으니 부득불

인위적으로라도 뭔가 신호를 보내 주어야 한다. 이 역할을 바로 사람이 해야 하기 때문에 굳이 좋은 표현을 하고 싶은 것이다. 자동차 밖에서 눈만 동그라니 뜨고 있는 사람이 알아서 피해 줄 수도 없는 노릇이니 제발 손가락 하나 까딱해서 어느 방향으로 갈 건지 알려 주기 바란다.

작은 것 하나가 여러 사람을 편하게 만든다고 생각하면 서로 기분도 좋지 않겠는가 싶다.

그런 사소한 행동마저도 무시한다면 사람이 만든 굴러다니는 기계 앞에서 초라하게 길을 내 주는 것도 모자라 길바닥에서 우리는 언제나 방향을 맞추는 게임을 하며 살아야 하는 것이다. 그러다 그 게임에서 지면 도박판에서 판돈을 모두 잃듯 우리 인생의 나머지도 종치고 말라는 것인가?

방향지시등을 적절하게 켜서 사람에게 신호를 보내는 일조차 귀찮은 것이라면 자동차를 끌고 나오는 귀찮은 일을 왜 하느냐고 묻고 싶다. 마이웨이라는 심정으로 도로를 활보하는 자동차를 볼 때마다 흉악범이 흉기를 휘두르는 현장에 있는 것 같은 섬뜩함과 분통이 터지는 걸 느낀다.

어쩌다가 이런 쓸데없는 분노에 몸부림쳐야 하는 나,

다른 사람에 대한 배려에는 눈을 감은 채 자동차 앞을 막는 방해꾼만 원망하는 운전자,

그 밖에 새벽의 정적을 깨는 자동차 엔진소음,

멀리서 이를 지켜 볼 수도 있는 익명의 누구,

이런 모든 것들 사이에 방향지시등의 똑딱이는 불빛만 없는 현실.

얼마나 어색하고 어이없는 조합이란 말인가?.

남에 대한 배려와 공동의식이 부족한 사람들도 아무렇지 않게 살아갈 수 있는 세상이어서 나도 내 마음이 이끄는 대로 아무렇지 않게 분노를 내 보내기도 한다. 사람에게 있어 얼마든지 흉기가 될 수 있는 자동차의 세상에서 황야의 무법자처럼 새벽을 휘젓고 다니는 배려의 외톨이가 되지 말자는 것이다.

영화에서처럼 밤비 같은 자동차만 있어도 이런 얘기를 하지도 않는다. 별 걸 다 신경쓰고 살아야 하는 세상이다.

면음식 중독

많은 사람들이 좋아하는 것처럼 나도 면음식의 유혹을 쉽게 떨쳐내지 못하고 그 맛을 즐긴다.

한동안 먹지 않으면 금단증상처럼 생각나게 하는 면음식만 해도 라면, 국수, 짜장면, 칼국수가 먼저 떠오른다. 이런 면음식은 언제라도 가슴을 뛰게 한다. 그걸 먹지 않고 버티며 산다는 건 차라리 한겨울에 옷을 입지 말고 살라는 말처럼 가혹하다.

한창 커가는 아이가 부모의 걱정거리만 골라서 사단을 내놓는 것처럼 하지 말라면 더 간절해진다고, 면음식이 건강에는 그리 이롭지 않다는 말에도 머리를 조아린 채 입 속으로 들이 민 면발을 끊어내기 바쁘다. 참는다고 되는 게 아니라면 즐겨야 한다.

면요리는 대부분 밀가루로 만들어지고, 메밀가루로 만드는 면발도 있지만 메밀은 이제 어딘지 서민적이라고 하기보다는 언제 특별한 날을 잡아 먼 거리까지 이동하는 자리에서나 먹게 되는 별미처럼 생각되고 있다. 밀가루의 주성분은 탄수화물이고, 이것이 사람을 미치게 만드는 원인이 되는 것인지 몰라도 면에는 밥과 다른 매력이 있다는 점은 분명하다.

군대 시절 외박이나 휴가를 나오면 제일 먼저 먹고 싶어 하던 짜장면 한 그릇, 젊을 때 전날 마신 술로 생긴 숙취와 함께 떠오르는 짬뽕 한 그릇, 강원도로 여행을 가면 왠지 모르게 의무감처럼 떠밀리는 막국수나 메밀냉면 한 그릇, 날씨가 좀 쌀쌀해지거나 심지어 더운 여름철에도 강력한 뒷맛을 자랑하는 멸치로 우린 국물에 소복히 담겨 있는 국수 한 그릇은 단순하게 입맛만 자극하는 것이 아니라 한 사람의 역사가 되기에 충분하다.

아무리 밀가루에 대한 부정적인 이미지가 많다고는 하지만 전쟁 이후 원조라는 이름으로 우리나라의 굶주린 허기를 채우던 밀가루는 결코 가볍게 볼 수 없는 음식재료다. 요즘 밀가루가 사람 몸에 끼치는 나쁜 영향 때문에 밀가루의 공포라고까지 하면서 깎아내리기 바쁘지만 밀가루 입장에서는 배고플 때 온몸으로 배불리 먹여 놨더니 이제 와서 밀가루보다 못한 막말을 한다고 역정을 낼 판이다.

밀을 제분해서 만들어지는 밀가루는 거의 대부분을 외국에서 수입하는 실정이고, 순수한 우리나라 토종밀은 껍질이 얇은 대신 글루텐의 함량이 적어 찰지는 성질인 점성이 낮은 단점 때문에 빵을 만들기에 적합하지 않아 칼국수 정도나 만드는 데 적합하단다. 신토불이의 우리 밀은 부드러운 감촉으로 혀끝을 행복하게 하는 제빵

재료로는 쓰임이 적다는 것이니 빵을 좋아하는 사람에겐 신토불이는 물 건너 간 것이다.

밀가루는 글루텐의 함량 차이에 따라 강력분, 중력분, 박력분으로 나누는데, 글루텐은 곡류에 있는 불용성 단백질을 말하는 것으로 강력분은 글루텐의 함량이 13% 이상으로 반죽의 힘이 강해서 주로 빵을 제조하는 데, 중력분은 글루텐의 함량이 10~13% 정도로 반죽의 힘이 중간 정도여서 국수나 칼국수, 라면, 수제비 등을 만드는 데, 박력분은 글루텐의 함량이 8~10% 정도로 반죽의 힘이 약해서 제과 종류, 튀김이나 부침요리를 만드는 데 사용된다.

밀가루는 쌀이나 보리보다 칼로리가 높은 것도 아니지만 일반 사람들의 오해를 단단히 받으면서 심지어 비만이나 성인병의 주범으로 몰려 마치 그걸 먹으면 당장 무슨 일이 일어날 것처럼 겁을 준다. 밀가루의 공포라는 것보다 그렇게 당장 무슨 일이 일어날 것처럼 호들갑을 떠는 게 오히려 공포스럽다.

밀가루의 글루텐을 소화하기 위한 효소가 잘 분비되지 않아 밀가루 소화가 어려운 만성소화장애증을 가진 사람이 있다지만 그렇다고 이러한 사실만으로 밀가루가 해롭다고 볼 수도 없는 것이, 우유를 잘 소화시키지 못하는 젖당과민증(젖당분해효소 결핍증)을 가진 사람이 있다고 하여 우리가 우유 자체를 해롭다고 말하지 않는 이치와 같은 것이다.

확실히 밀가루가 주재료로 된 면요리는 어느 것 하나 식욕을 평온하게 놔두지 않을 만큼 우리를 강하게 유혹하는 힘이 있다. 만약, 우리가 끼니마다 밀가루로 만든 국수나 짜장면과 같이 면요리를 먹는 삶이 일상화 되고, 쌀밥을 먹는 일이 간헐적이었다면 아마도 우리는 면요리 중독을 걱정하지 않고 쌀요리 중독에 동동거리고 있을지도 모른다. 밀가루를 재료로 만든 면요리라서 특별히 내 몸을 망치고 있다고 몰아 세워야 할 이유가 있는지는 의문이다.

면요리의 죄라면 그저 입맛을 너무 끌어당기는 요망함 때문이다. 젓가락으로 듬뿍 면을 들어올리면서 그대로 입 속으로 밀어 넣고 나면 제대로 씹지도 않았는데, 어느새 목구멍을 넘어가고 있는 면 가닥 한 올마다 살아 나오는 아련한 아쉬움은 사람의 의지를 한없이 약하게 한다. 얼마 지나지 않아 그릇 바닥을 긁는 젓가락 소리만이 귓전을 울리고 미처 합류하지 못한 채 흩어져 있는 몇 가닥의 면발만이 아직까지 번뜩이는 입가에서 몸을 떨고 있을 뿐이다.

이상하리만치 내게 있어 면요리는 느긋함과는 거리가 멀게 느껴지게 한다.

면요리가 나오는 순간부터 100미터 질주를 하는 심정으로 마음이 바빠지기 시작하고, 곧 면발과의 치열한 싸움으로 번져 그리 오래지 않아 결말이 나 버린다. 그 싸움의 상대가 쌀밥이었다면 도저하게 신중한 걸음을 걷듯 한 숟가락, 한 숟가락 최대한 간격을 벌리고자 애를 썼을 것이다. 이런 속전의 속성 때문에 밀가루 음식이 우리에게 나쁜 영향을 준다는 오해를 받게 하는 건 아닌지도 생각해 본다. 밀가루 자체야 뭐가 문제일까 싶다. 그 앞에 마주한 우리의 조급함이 문제라면 몰라도 말이다.

추위가 나의 온몸을 휘감아 영혼까지 얼어 버리게 만드는 계절일 수록 따끈한 멸치국물에 담긴 국수 한 그릇을 먹고 싶다. 먼저 그 국물을 한 모금 들이켜고 나서 데워진 몸으로 면발을 집어 올리는 생각만으로도 마음이 행복하게 저려 온다. 그것이 걸쭉한 국물을 머금고 있는 칼국수라 할지라도 그 행복한 저림이 달라질 리는 없다.

저녁나절 밀가루를 반죽한 후 홍두깨로 말아 하얀 밀가루를 뿌려 대면서 그 반죽을 얇게 펴내고, 둥그런 모양으로 펴진 반죽을 착착 접어 칼로 썰어 내어 만든 칼국수 면발 외에도 마지막 꽁지 부분을 넉넉하게 남겨 연탄불에 올려놓아 구워 먹던 맛도 잊을 수 없다. 연탄불에서 적당히 익은 반죽의 꽁지 부분은 고소하면서도 색다른 맛으로 입맛에 여운을 남겼는데, 그게 바로 중동에서 주식으로 먹는 난과 같을 것이다.

그렇게 만들어 낸 칼국수 면발은 물이 끓고 있는 냄비에 들어가 적당하게 윤기를 내며 익어 가는 사이 간장을 베이스로 하여 마늘과 대파, 고춧가루 등의 온갖 맛을 돋구는 재료가 뒤섞여 양념까지 만들어지면 칼국수 한 그릇에 담긴 그 뜨거움에도 주저하지 않고 달려들게 마련이다.

결코 한 그릇으로는 만족할 수 없었던, 그래서 칼국수를 먹는 날이면 나른한 포만감에 방바닥을 뒹굴며 시간을 보내던 일이 선명하다. 다 먹지 못해 남겨진 칼국수는 그 다음 날 비록 퉁퉁 불어터져 있어도 그 자체로 적당히 식욕을 자극한다.

국수는 또 어떤가?

자칫 방심하면 끓어 넘치는 국숫물을 진정시키기 위해 옆에서 바가지에 찬물을 받아 놓았다가 적절히 물을 끼얹어 삶아 낸 국수를 찬물에 넣어 박박 비벼 채반에 담아 물기를 빼는 동안 손이 마음을 앞질러 가 손가락에 잡힌 국수면발을 입 안으로 집어넣는 일은 반드시 필요한 과정이다. 짜장면을 빼 놓으면 섭하다 할 것이나 우열을 가르기가 어려운 그 존재를 함부로 언급하기에는 나의 표현력이 너무 부족하다.

먹고 싶은 면요리의 유혹과 식욕을 죽자고 참아본들 얼마나 더 건강해지겠나 싶은 발칙한 생각을 거둬들일 마음이 없다. 머릿속에서 짜장면이나 칼국수가 맴돌고 있으면 억지로 참고 견디는 사이 쌓여 가는 스트레스가 우리를 더 해롭게 할 것이다.

먹고 싶을 때는 먹어야 하고, 다만 과하지 않을 만큼만 즐기자. 오늘은 왠지 짜장면이 먹고 싶다.

전화

우리 삶에서 떼어놓을 수 없게 된 통신수단인 전화의 힘은 대단하다. 지금은 온갖 기능이 결합되어 우리의 삶을 아주 편하게 해주는 전화기 - 전화기라는 말보다는 핸드폰이나 휴대폰이라고 말하는 것이 이제는 더 익숙하다 - 의 좋은 점만을 말하려 할지 모르지만 나에게 있어선 딱 필요악의 도구다.

전화기하면 그레이엄 벨이 시초라고 알고 있지만 그건 특허권을 먼저 얻은 결과일 뿐이다. 그레이엄 벨이 전화기의 특허를 받은 때가 1876년인데 그보다 앞서 1871년에 이미 안토니오 무치라는 미국의 과학자가 전화기의 임시 특허를 얻었던 사실이 있고, 그레이엄 벨이 특허 신청을 했던 날 엘리샤 그레이라는 미국인도 전화기 특허를 신청했다고 하니 엘리샤 그레이라는 사람이 그레이엄 벨보다 조금이라도 특허 신청을 먼저 냈다면 우리는 전화기의 발명가를 그레이엄 벨이 아닌 엘리샤 그레이로 알고 있을 것이다.

억울하기로 따지면 그레이엄 벨보다 훨씬 먼저 임시 특허까지 받았다가 정식으로 특허를 받는 데 필요한 돈이 없어 벨에게 그 자리를 내 주어야 했던 안토니오 무치야말로 미치고 팔짝 뛸 노릇일 게다.

벨이 전화기를 발명한 이래 전화의 편리성은 갈수록 높아지기만 하고, 지금은 한 나라에서 차지하는 통신수단의 중요성은 말할 수 없을 만큼 커져 있다. 앞으로 전화가 어떤 형태로 더 발전하게 될지 가늠하기조차 힘들지만 지금도 그 편리성과 새로움은 우리가 미처 따라가기 어려울 정도로 속도를 높여 간다.

얼마 전만 해도 한 손에는 폴더식의 접히는 휴대폰을 들고, 다른 한 손에는 성능 좋은 카메라를 들고 나들이를 가는 일이 당연한 모습이었는데, 어느 순간에 한 손에서 카메라가 사라지고 휴대폰만 덩그러니 남게 되었다. 부끄러워 얼굴을 숨기고픈 새색시마냥 휴대폰 안에 쏙 들어가 그 형체를 숨겨 버리고 눈만 빼꼼히 내밀고 있다.

휴대폰에 신용카드나 금융계좌 정보를 넣어 두고 카드 대신 휴대폰을 내미는 일은 자연스런 일상이 되다 보니 이러다가는 나도 그 휴대폰 속으로 정보화 되어 묻혀 버리게 되지나 않을지 걱정된다.

어릴 땐 집에 전화기 없이 사는 것이 보통의 삶이었기에 오히려 전화기를 들여놓고 사는 집은 부러움의 대상이 되기도 하고 어딘지 접근하기 껄끄러운 거리감을 느끼던 시절도 있었다.

우리나라에 처음으로 전화기가 들어 온 기록은 1882년 중국으로 유학을 갔던 상운이라는 사람이 귀국하면서 전화기를 가져왔다는데, 우리나라 최초의 자석식 전화기는 1896년 덕수궁에 공식적으로 설치된 것을 시작으로 그 다음 해부터 여러 대의 전화기가 관청에도 설치되었으며, 1902년부터는 일반 대중 - 여기서 일반 대중은 그냥 일반 대중이 아니라는 사실은 굳이 말 안 해도 알 것이다 - 도 전화를 사용하게 되었단다.

우리나라에서 초창기 전화기가 역사적으로 의미를 갖게 된 것은 영화로도 나온 적이 있는 김창수 선생의 목숨을 구하는 데 사용되었다는 사실 때문일 것이다. 김창수 선생은 나중에 우리나라 독립운동의 역사인 백범 김구 선생의 개명하기 전 이름인데, 1895년 을미사변 당시 일본 낭인들에게 민비가 시해되는 사건의 울분으로 김구 선생이 일본 육군 중위를 살해하는 일이 발생하고, 이 때문에 사형선고를 받고 인천교도소에 수감되어 집행을 앞두고 있던 상황에서 고종이 직접 전화로 사형집행을 중지하라고 지시를 내리는 데 전화기가 이용되었단다. 이때가 우리나라에 전화가 개통되고 3일째였다고 하니 전화가 제 몫을 제대로 한 최초의 일이 아니었던가 싶다.

내가 살던 집에 전화기가 처음 그 모습을 드러낸 게 중학교 때라고 기억한다.

부친으로부터 전화국에 전화를 신청해 놨다는 말을 듣고 나서도 한참 동안이나 한여름 엿가락 늘어지듯 목을 빼고 기다린 끝에 전화국 직원이 하얀색의 다이얼식 전화기를 모셔 오는 수고를 한 끝에서야 수화기를 통해 웅하는 대기음이 우렁차게 들리던 때의 짜릿함을 아직도 잊을 수 없다. 그때까지도 집에 전화기를 설치한 집이 그렇지 않은 집보다 많지 않았던 때여서 딱히 내가 아는 전화번호도 없어 그저 수화기만 들었다 놓기를 반복했지만 어쩌다 울려 대는 요란한 전화벨 소리에 가족의 눈은 온통 전화기에게로 쏠리게 마련이었다.

지금이야 전화기의 원리가 별거 아닌 단순한 것으로 생각하지만 그때만 해도 어떻게 상대방의 목소리가 그대로 들리는지 신기하기만 했었다. 그런 귀하신 전화기도 얼마 지나지 않아 익숙한 모습이 되어 집안의 다른 가전제품과 별반 다를 게 없어졌으니 귀한 대접을 받던 전화기가 느끼는 그 서운함이 얼마나 컸을까?

이후 전화는 꼭 선으로 연결되어야 한다는 고정관념을 벗어나기 시작하여 무선형의 전화로 자동차에 설치되는 카폰이 등장한 것을 비롯해서 미적 감각은 쌈싸먹은 듯한 모양의 투박한 무선전화가 등장했지만 웬만한 돈을 가진 사람이 아니고서는 그런 형태의 전화기를 가져 볼 일도 없었다.

대신 무선호출기라는 통신수단은 누구나 한 개쯤 가지고 있지 않는 사람이 없을 정도로 대중화되어 허리춤에 끼운 호출음 소리나 진동에 반응하느라 호출기에 찍힌 번호로 전화를 하려고 공중전화를 찾아다니는 모습이 어디서나 흔했다. 무선호출기가 삐삐거린다고 해서 삐삐라는 별칭으로 불리던 통신수단은 누군가 자기를 찾는 신호의 신기한 유혹에 빠져 있는 사이 우리의 자유를 옭매는 수단이 되었다.

지금이야 일부러 찾으려 해도 잘 안 보이는 존재가 된 공중전화는 그 시절이 호시절이어서 삐삐의 연락을 받고 통화를 하려는 사람들의 줄서기는 기본이었다. 간혹 앞 사람이 전화를 너무 오래 잡고 있으면 뒤에서 줄 선 사람들의 따가운 눈총까지도 감수해야 했다. 그래서 그 시절 줄 서는 게 지겨워 지금도 난 어디 식당이 아주 맛있다고 하더라도 웬만해선 줄 서는 걸 포기하게 되었는지도 모른다.

삐삐는 보내는 사람의 신호를 받는 역할만 하다 보니 번호의 조합으로 간단한 의사소통도 했는데, 8282라는 숫자는 "빨리빨리"라는 뜻으로 급한 일이니 얼른 연락을 달라는 신호로, 1052는 "love"라는 영어단어와 유사한 점을 이용하여 연인들 사이에 사용하는 신호로, 101021052는 "열열이 사랑"한다는 신호로 쓰였다.

온 세상이 삐삐라는 호출기에 중독되어 있을 때 홀연히 시티폰이라는 통신수단이 슬그머니 나타났다 사라지기도 했다. 수신기능은 없는 발신전용 무선전화기인데, 그것도 반드시 중계기가 설치된 공중전화 근처에서나 통화를 할 수 있어 이미 탄생부터 얼마 견디지 못할 운명을 가지고 있었다. 저렴한 요금이라는 장점에 홀려 시티폰을 하나 장만했던 나도 전화를 한번 걸려면 중계기가 달린 공중전화를 찾느라 바삐 움직여야 했고, 그나마도 통화품질이 영 형편없어 아예 공중전화를 이용하는 게 낫다는 현실적인 생각과 어설픈 기계에 대한 배신감에 시티폰을 집어던져 버렸다.

그다음으로 내 손에 들린 전화기는 예전의 무섭게 생긴 전화기와 달리 완만한 굴곡과 아담한 모습으로 변한 PCS폰이라는 개인휴대통신 전화기였다. 이때부터 온전하게 휴대전화라고 말할 수 있다. 삐삐라는 무선호출기에 익숙해져 있던 나에게 PCS폰은 그야말로 완전히 다른 세상을 열어 준 것 같았다.

당시만 해도 휴대폰을 개통하려면 하루 정도는 기다려야 했는데 개통될 때까지 기다리는 시간이 얼마나 지루했는지 그동안에 생각할 수 있는 거의 모든 불행한 일들이 머릿속을 들락날락 거렸다. 그렇게 지루하던 개통의 순간에는 집에 처음으로 백색전화가 설치되고 나서 수화기에서 들려오던 흥분된 기분이 고스란히 되살아났다.

이제부터는 전파가 닿는 곳이면 언제, 어디서든 손안에서 통화가 가능하다는 사실은 생활의 큰 변화가 틀림없었기 때문에 비록 지금에 비하면 휴대폰의 액정 크기도 눈꼽만큼 작아서 단순히 숫자와 문자만 표시되는 정도의 기능 이외에 아무 것도 없었지만 신기한 일이었던 것만은 틀림없는 사실이다.

전화가 없던 시절에는 누구를 한번 만나려면 직접 찾아가야 하거나 인편을 통해야 하던 것이 고작이었지만 전화가 등장하고, 더 나아가서 손안에서 자유로운 통화가 가능한 현실은 우리에게 새로운 삶의 방식을 열어 준 것이다. 하지만, 그런 새로운 삶의 방식도 시들해져 버리고 나니 휴대폰은 어느새 우리로부터 삶의 여유를 빼앗아 가는 애물단지가 되었다.

휴대폰 없이 사는 사람이 오히려 신기하게 생각되는 세상에서 이제 나는 예고 없이 걸려오는 전화소리가 불안하다. 새벽 시간에 갑자기 울려 대는 전화소리라도 들릴라치면 소름이 돋는다. 그건 틀림없이 좋은 소식보다는 뭔가 큰일이 났다는 소식을 전하는 내용일 터여서 심장을 벌렁거리게 한다. 내 정서는 전혀 안중에도 없이 상대방의 필요에 따라서 어느 때건 평온을 깨뜨린다.

나는 누구와도 연락이 되지 않는 무인도 같은 나만의 온전한 자유로움을 꿈꾼다.

나의 여유로운 시간을 용케도 알고 울려 대는 휴대폰의 집요함에서 이제는 좀 벗어나고 싶을 만큼 지쳐 간다. 한 인간으로서 그나마 선택적으로 걸려오는 전화를 받아 내는 것도 이리 힘든데, 우주 삼라만상 모든 일을 주관하시는 절대자는 모든 인간으로부터 걸려오는 그 간절한 기도를 다 들어야 하니 얼마나 피곤할지 상상조차 할 수 없다. 가끔씩 마른 하늘에 벼락치는 소리는 그분의 스트레스 때문인가? 독실한 기독교 신자로 권사인 아는 동생한테 물어나 봐야겠다.

새해를 바라보는 마음

세월은 참 빠르게도 흘러서 2020년 경자년(更子年)까지 와 있다. 작년과 별반 다를 게 없는 새해 아침에 나는 평소와 같이 새벽에 일어나 헬스장 문을 여는 시간에 맞춰 운동을 간다. 운동 후에 따뜻한 물로 개운하게 샤워를 하고, 집으로 돌아오면서 아직도 쌀쌀한 공기를 가슴 속으로 깊이 들여 보기도 한다. 새해 첫날이라고 해서 달리 특별할 것도 없지만 새해의 아침이어서인지 어제와는 또 다른 맛의 신선함이 느껴지는 것도 같다.

우리 주변의 현실은 어제나 오늘이나 항상 그대로의 모습인데도 한 해가 가고 새해가 오면 뭐가 그리 새로울 게 있다고 여전히 마음부터 호들갑스럽고, 작년에 비해 크게 의미 없었던 올 한 해의 허망함은 민망함으로 변한다. 언제부터인가 새해가 돼도 다른 날과 별반 다르지 않게 되었다. 다르지 않다는 건 한편으론 내 삶의 모습이 그렇고 그런 수준을 벗어나지 못한다는 것이고, 다른 한편으로는 좋게 말해 큰 욕심이 없어졌다는 말과도 같다.

지금까지 크게 성공하지도 못한 욕심을 부리며 살아왔다면 이제부터는 조금씩 내려놓으며 살아야 한다는 사실을 몸과 영혼을 통해서 조심스럽게 깨달아 가고 있다. 평소에는 애써 외면하며 살아오다가 이렇게 한 해를 마치고 새로운 해를 맞을 때가 되면 비로소 습관처럼 불에 데인 듯 화들짝 놀라는 시늉으로 또 한 번 양심의 위기를 넘긴다.

이제는 새해가 돼도 뭔가를 하겠다는 각오를 포기하고 말았다.
어차피 크게 의미 없는 일을 되풀이 한다는 걸 경험으로 알아버린 때문이다. 차라리 지나온 시간을 되짚어 보는 게 더 의미가 있다는 생각은 나이가 드는 징조인가 싶다. 한쪽에서 떠들어 대는 TV를 향해 눈과 귀가 몰려 있어도 머릿속은 지나간 시간 중에 떠오르는 또렷한 기억의 단편들을 이리저리 뒤적거린다. 그런 기억 중 한두 개는 의도적으로 떼어 내고 싶어도 끈적한 아스팔트 덩이처럼 잘 떨어지지도 않고, 억지로 떼어 내도 결국에는 그 검은 흔적이 그대로 남아 있다. 잘 닦이지도 않는 그런 흔적이 남는다.

나이는 공짜가 없다.
가장 계산적으로 손익을 따져 세월이 손해보는 짓은 하지 않는다. 그 치밀한 법칙 앞에서 결국 우리만 언제나 스스로 큰 상처를 입고 새해가 시작되는 언저리에서 신음하며 보내야 한다. 그래서 내 몸과 영혼을 무겁게 책임져야 하는 적당한 나이는 많은 걸 내려놓게 해서 혼자 여행을 다닐 수 있고, 누가 시키지 않아도 지금처럼 꾸준히 새벽 운동을 계속할 수 있기를 바라는 것이 새해 소망으로 굳어진다. 굳이 새로운 각오를 하지 않아도 지금까지 내가 벌려 놓은 일을 추스려 정리하기에도 벅찬 삶이다.

지금까지 살아온 날보다 틀림없이 적게 남아 있을 나의 삶을 어떻게 마무리하며 살아야 하는지 고민할 시간조차 낭비라는 생각이 든다. 그저 적당히 상황에 맞게 내 처지가 허락하는 대로 조용하게 스며들 듯 순종하는 삶에 묻혀 내가 할 수 있는 조그만 일을 저질러 보고 싶다. 주목되지 않아도 자기 만족에 집중할 수 있는 일은 내가 여유 없는 시간에 빠져 있느라 관심을 제대로 받지 못하고 있었으나, 이제부터는 한쪽을 시원하게 내려놓고서라도 나만의 것에 집중해야겠다는 마음을 가져 본다.

언제든지 내 복잡한 영혼의 무게를 내려놓을 자세로 하루를 살았으면 좋겠고, 하루의 마무리를 제대로 할 수 있을 정도는 되게끔 흐트러지지 않을 강단을 가졌으면 좋겠다. 남의 마음을 움직이려면 온갖 거짓말과 달콤한 말로 그를 속이면 되지만 자기 마음은 어떤 것이라도 순수하게 일어나는 감정 없이는 제대로 존재할 수 없다. 내가 스스로 내 마음을 속이려 들지 않을 것이고, 그런다고 해도 아무런 의미가 없는 짓을 할 리 만무하다.

새해의 첫날을 맞는 일이 이제 나에게 특별한 의미가 되어 있지 않더라도 올해를 또다시 버티며 지내야 하는 바로 그 첫날을 조금은 잔잔한 기억으로 남기고 싶다. 시끄러운 소음이나 격한 몸짓도 없이 평온하고 조용한 하루로 시작해서 그대로의 상태를 유지하며 하루를 끝맺음 할 수 있었으면 한다. 그런 하루의 시작은 퍽퍽하게 기다리고 있을 다음날이 와도 나를 그리 버겁지 않게 할 것이다.

비록 어느 한 목적을 위해 잠시 만나는 관계라도 쉽게 여기는 마음이 싹트지 않도록 영혼을 더욱 맑게 하는 일에 전념할 것이며, 작은 관계라도 그것이 초라해 보이지 않도록 소중하고 감사한 마음을 유지하려 애쓰고 싶다.

이 세상에 발을 들여놓은 내가 다시 발을 빼기까지 이런 자세와 마음을 넉넉하고 조용하게 유지하는 삶의 모습이라면 과히 나쁘지 않을 듯하다. 그동안 나는 조금씩 더 이상 줄어들지 않을 만큼 남들과의 관계를 바싹 줄여 놓았다. 이렇게 좁혀진 관계 안으로 들어서 있는 사람들과는 뭔가 새로운 시도를 하거나 새로운 마음을 들이지 않아도 특별히 부담이 없어 편하다. 좁은 관계 속에서 스스로 나오는 그런 자유와 친밀함의 행복을 누리고 싶다.

닭 우는 소리와 개 짖는 소리가 들리는 정도의 나라면 족하다고 한 노자의 소국과민(小國寡民)의 세상은 새해를 맞는 내 마음과 같다.

이런 조그만 세상을 바라는 내게, 새해 아침에 서울살이 하는 듬직한 동생은 뭘하고 있는지 궁금하여 보고 싶다.

나를 슬프게 하는 것들

나를 우울하게 하는 것이 슬프다는 것과 같은 감정인 줄 알았던 적도 있다.

그러나 이제는 우울함과 슬픔의 감정을 서로 다르게 놓고 생각하게 된다. 우울한 감정은 자기 자신에게 향하고 있지만 슬픈 감정은 자기 이외에도 외부의 현상을 함께 공감한다는 말처럼 들린다.

지금껏 살아오는 동안 마음을 고프게 하는 대상과 현상 앞에서 외톨이 같은 감정 하나가 삐죽 빠져나와 한참 동안 주위를 떠나지 않는 일이 많았다. 따지고 보면 살아가는 자체도 엄청나게 슬픈 일이어서 어느 범위로 한정시켜 생각하지 않으면 슬픈 감정이라는 것은 결국 아무런 의미가 없게 된다.

사회의 부조리나 엉성한 시스템, 사람의 집단적인 못된 마음에서 느끼는 감정은 내가 생각하는 슬픔과는 다르다. 슬프다는 감정의 퀼리티를 따진다면 내 것은 소박하다. 내 감정의 통제를 벗어나는 거창한 규모의 슬픔은 그저 조롱이나 체념을 할 수밖에 없는 것이어서 온전한 내 슬픈 감정과는 거리가 멀다. 거기에는 나만의 순수한 감동이나 순화 기능을 찾아볼 수 없다.

내 마음의 부족한 영양분은 아무래도 슬픈 것을 통해서 공급되고 있던 듯하다. 마음이 고팠던 것은 슬픔의 전조 증상이 아닐까? 그렇다고 개인적으로 느끼는 슬픈 감정이라도 우울한 감정과는 구별할 필요가 있다. 우리가 슬프다고 생각하는 감정 속에는 사실 우울한 것도 슬픔을 가장하고 들어앉아 있는 경우가 많다. 마치 남의 둥지 속에 자리를 튼 뻐꾸기 새끼처럼.

내가 말하는 슬픈 것은 감정을 가두게 하는 것이 아니라 오히려 다른 통로를 열어 주는 역할을 하는 것이어야 한다. 슬픔은 잘 숙성되면 오히려 마음을 평안하게 하는 안정된 삶과 잘 연결된다. 그래서 어쩌면 슬픔은 모든 생명체가 공유하는 전염성 강한 감정인지도 모른다.

따라서 슬픈 감정은 사람만이 누리는 것이라고 오해하면 안 된다. 자기 동료의 죽음 앞에서 어쩔 줄 몰라 죽음의 자리를 떠나지 못하고 맴도는 동물의 모습을 보면 그 행동의 밑바닥에 깔린 슬픔을 생각하지 않을 수 없다.

눈으로만 보는 미물의 세계를 우리가 당장 인식하지 못한다고 그 세계가 없다고 단정할 수 없듯이 우리 기준으로만 슬픔의 존재를 인식하려는 고집은 어리석다. 오만한 우리의 눈으로만 세상의 슬픔을 보려고 하니 모든 게 거칠어지는 것이다. 모든 생명의 눈으로 슬픔을 바라보고 견뎌야 비로소 우리 영혼이 회복될 수 없을 만큼의 훼손을 막을 수 있다.

우리도 동식물과 마찬가지로 절대자의 피조물에 불과하니 그 사이에서 슬픔의 감정을 공유해야 서로 기대고 부비며 살아갈 수 있는 것이다. 사람이 다른 생명의 슬픔을 공유하지 못한다면 절대자역시 우리와 공감할 게 하나도 없게 된다. 절대자 앞에서는 돌멩이나 우리나 그냥 피조물에 불과할 뿐이라서 크게 다름을 내세울 것도 없으니 언제나 겸손한 슬픔에 익숙해져야 한다. 지능 좀 높고손을 자유롭게 쓰는 우리가 뭐 그리 대단할 게 있겠는가?

사람의 기준으로만 세상을 바라보니 너무 큰 것은 제대로 볼 수도 없고, 너무 작은 것은 외면한다. 사람의 기준으로만 세상을 살다보니 다른 생명체의 삶은 안중에도 없이 행동하는 것이다.

하지만 사람의 세계만 존재하는 게 아니라 언제나 공유하면서 살아가야 할 운명을 생각하면 함께 나누어야 할 게 너무나 많다. 그중에서도 우주의 질서에서 슬픈 감정을 나누는 일은 무엇보다 필요하다.

슬픈 감정은 사람을 순화시키고 버거운 관계를 풀어내기도 하는것이어서 때론 눈물이 윤활제 역할을 하는 듯이 보인다. 나이가 드니 애써 감춰 두었던 감정이 언제고 작동을 시작해서 드라마 한 장면만으로도 울컥하는 마음에 눈물이 돌 때가 있다. 슬픔의 강도는나이에 비례해서 높아지는 것이 아닌가 할 정도로 예전에는 느끼지못했던 감정의 선을 타고 눈물이 앞을 흐리게 만드는 일이 종종 일어난다.

가슴이 먹먹해지고 마치 약한 전류에 감전되는 듯한 저림의 충격이 너무 생소해서 때로는 애써 회피를 하거나 행여 누군가 옆에 있기라도 하면 공연스레 과장된 소리나 몸짓으로 감정을 누르는 티를 굳이 내기도 한다. 아예 자리를 피해 버리기도 한다.

우리는 감정을 자연스럽게 받아들이는 것에도 남을 의식하는데 익숙하기만 했지 자기에게 솔직해지려 하지 못한다. 없어서 초라한 것이 아니라 있는 걸 제대로 드러내지 못하는 데에 우리의 초라함이 있는 것이다. 표현하지 못한 슬픔이 있었을 뿐 원래 없던 것이 나이가 들면서 갑자기 불쑥 솟아난 것도 아니기에 삶에서 어지간히 외톨이로 지내 온 시간을 서둘러 보충하려는 느낌이 강하다. 이런 느낌이 깊어지다 보니 감정에 너무 쉽게 허우적거리기도 해서 당황스럽기도 하다. 막연하게 슬퍼하는 나를 바라봐야 할 때가 오는 건 아닌지 걱정이다.

나이가 들면 감정이 풍부해지기 때문인지 아니면 원래 있던 감정을 억누르는 힘이 약해져서 그런 것인지 알 수는 없지만 확실히 중년의 나이를 지나면서 다른 사람에게 들키지 않는 슬픔이 잦아진 건 사실이다. 지금껏 나를 슬프게 하는 것들이 이렇게도 많이 널려 있는 줄 미처 모른 채 살고 있었다. 삶은 영원한 슬픔의 실체이면서 슬픔을 퍼 올리는 샘물인지도 모른다. 그래서 온갖 슬픈 것들 앞에서 숙연하고 겸허해지도록 나를 작게 만들려 노력할 것이다.

슬픔은 때론 폭풍 같은 속성을 품고 있어서 무시하지 않거나 외면하지 않고 두 눈을 똑바로 떠 마주하고 있어야 한다. 상처를 입지 않으려면 말이다. 진정한 슬픔은 그 습한 성질로 인해 나의 삶에 도사린 메마른 영혼을 부드럽게 적시기도 하고, 때로는 더러움을 씻어 내 새로운 생명의 싹을 틔우는 역할을 하는지도 모른다.

권터그라스의 책 "양철북"에서 주인공도 진정한 슬픔은 이미 그 자체로 눈에 보이지 않는다고 말한다. 내 영혼이 목말라 한다고 느끼면 주위의 슬픈 현실을 돌아보는 용기를 낼 것이고, 그렇게 슬픔이 짙어지는 가운데 나를 놔두고 충분히 발효가 진행되는 과정을 견디기도 할 것이다. 슬픔에 취약한 나의 마음은 조금 더 모질어져야 할지도 모르지만 오히려 약해지고 부드러워지는 경향을 보이더라도 어쩔 수 없다. 이게 나의 운명 같은 슬픈 모습이라면 그 운명 앞에서 굳이 강함을 자랑할 이유도 없다. 그저 납작 엎드려 그대로의 슬픔을 삭혀 내면 그만이다.

체념 같은 슬픔만 아니라면 나를 슬프게 하는 것들은 모두 내 삶의 소중한 역사를 만들고 있는 것은 분명해 보인다.

심각하지 않을 만큼의 작은 슬픔을 생각해 본다.

평소보다 늦게 눈이 떠져 하루의 시작을 흐트리게 된 늦은 아침이 슬프고, 망각의 음료라도 마신 듯 나의 흔적을 자꾸 까먹는 처지가 슬프고, 예전만큼 총명하지 못하고 저만큼 멀찍이 물러나 버린 내 기억력의 초라함이 슬프고, 예전 같지 않은 체력에 허덕이는 내 모습이 슬프고, 신호등의 얼마 남지 않은 횡단시간을 그냥 보내지 못하고 냅다 달려야 하는 나의 경망스러움이 슬프고, 남들이 보면 아무 것도 아닌 일에 버럭 화를 내고 있는 나의 옹졸함이 슬프고, 고양이가 생기를 잃고 잘 먹지 못하는 모습이 슬프고, 벼르던 여행의 즐거움을 끊어 놓는 비바람의 얄궂음이 슬프고, 이치에 맞지 않는 남의 어거지 앞에서도 눈치를 보며 참아 내고 있는 나의 소극적인 용기가 슬프고, 나도 슬픈데 다른 사람을 위로해야 하는 처지가 슬프고, 기대만큼 쉽게 좋아지지 않는 주변 상황이 슬프고, 화려한 자태로 영원할 줄 알면서 도도한 자존심을 뽐내던 꽃의 시드는 모습이 슬프고, 가까운 사람들의 좌절하는 모습을 지켜보는 게 슬프고, 지나간 선택과 행동이 지금까지 나에게 영향을 끼치고 있는 현실이 슬프고, 누군가의 호소를 제대로 들어줄 수 없는 처지가 슬프고, 좀 더 선하지 못한 마음에서 일어나는 게으른 생각과 못된 감정을 혼자 통제하지 못하는 나의 부족한 소양이 슬프고, 어디쯤에서 풀어져 있어야 할 고단한 삶이 아직도 제자리라는 생각이 슬프고, 나의 부족한 지식이 여지없이 드러나 스스로에게 초라해지는 게 슬프고, 아무리 큰 슬픔 속에서도 때가 되면 밥 달라 성화인 내 육신의 경박스러움이 슬프고, 도무지 만족하지 못하고 자꾸 더 많은 걸 바라는 내 마음이 슬프고, 낯가리며 서먹서먹한 관계로 만족하려는 나의 옹졸함이 슬프고, 나이가 들면서 열심히 먹어대도 체중이 늘지 않고 오히려 잠시 방심하면 훅 빠져 버린 체중계의 숫자를 보는 게 슬프고, 자꾸 몸이 가려워져 진작에 장만해 둔 효자손을 찾는 현실이 슬프고, 예전보다 소화능력이 현저히 떨어지고,

전날 마신 술을 몸이 잘 분해하지 못해 다음 날까지도 술기운을 주체할 수 없게 된 현실이 슬프다.

그래도 잘 정화된 슬픔은 다행히 더 이상 슬픈 게 아니어서 좋다는 자기 위로의 마음으로 하루를 보낸다.

달리기의 시작

2020년 초에 코로나라고 하는 생각보다 어마어마한 놈의 영향으로 다니던 헬스장마저 한동안 문을 닫아야 하는 일이 일어난다. 몸을 움직이는 운동을 이것저것 많이 해 봤지만 그래도 꾸준히 계속해 온 것이라면 아침 일찍 헬스장을 다니는 일인데, 어느 날 코로나 때문에 강제로 헬스장을 못 나가게 된다니 보통일이 아니었다. 20년 훨씬 넘게 헬스장을 다니면서 한 번도 일어나지 않았던 상황이라 어찌해야 하는지 생각 회로가 일시적으로 마비되었다.

코로나 때문에 1주일 동안 문을 닫아야 한다는 헬스장 측의 문자 메시지를 받고 나서 살다 보니 이런 일도 있다는 황당함이 있었지만 그렇다고 혼자 떼를 써서 헬스장을 갈 수도 없는 상황이었다. 새벽에 눈이 떠지는 습관이 금방 고쳐지는 것도 아닌 이상 그 새벽

시간을 어떻게 보내야 할지 고민하지 않을 수 없었다. 새벽형 인간으로 살고 있는 나로서는 새벽에 일어나 당장 할 수 있는 일이 없어졌다는 현실 앞에서 제일 손쉬운 방법을 택해야 했다. 아파트 주변이라도 걸어보기로 한 것이다.

헬스장을 다니던 습관처럼 늘상 눈이 떠지는 새벽에 주섬주섬 옷을 챙겨 입고 아파트 밖으로 나왔는데, 아직도 깜깜한 새벽 시간에 길거리에는 사람도 거의 없어 남의 눈을 의식할 필요 없이 길 위에 내 흔적을 남기며 무작정 돌아다녔다. 아파트 주변을 뱅뱅도는 일도 그리 오래지 않아 익숙해졌다.

헬스장에서의 제자리 걸음을 반복하는 런닝머신에만 익숙해져 있던 나에게 본격적으로 새벽 거리를 걷는 일은 무더운 한여름에 내리는 시원한 소나기처럼 오싹함이 있었다. 이게 시작이었다.

어두운 새벽길을 혼자 걷는 일은 무료하거나 무의미할지도 모른다는 막연한 걱정 따위는 애초부터 잊게 했다. 땅을 걷는 일은 아주 단순한 행동이다. 그런데도 뭔가 재미가 있었다. 아파트 근처의 초등학교 운동장 흙을 밟기도 하고, 고르지 못한 보도블럭 위를 걷기도 하는 일은 전혀 지루하지도 않았으며, 오히려 새벽 찬 공기가 거침없이 폐부로 들어오는 느낌은 느슨해졌을지도 모를 영혼을 흔들어 대며 온몸의 근육이 움직여야 하는 이유가 되는 듯했다.

처음에 1주일이라던 헬스장 영업정지 기간은 점점 더 연장되어 거의 한 달 동안 헬스장이 문을 닫게 된 것 때문에 새로운 습관이 하나 더해졌다. 헬스장이 다시 문을 열었을 때에도 곧장 헬스장으로 가는 것이 아니라 먼저 아파트 주변이나 초등학교 운동장을 걷거나 달리는 것에 익숙하게 되었다.

처음에는 그냥 걸으며 시원한 새벽의 찬공기를 맞는 것만으로도 만족했는데, 거기에서 조금 더 나아가 걷는 속도에 욕심을 내기 시작했다. 그러는 사이에 왼쪽 무릎에서 자꾸 이상 신호를 보내왔다. 한창 젊을 때인 2002년 12월 31일 무주에서 야간 스키를 타다가 미끄러지는 바람에 왼쪽 전방십자인대가 끊어지는 사고를 당했다.

병원에 입원해서 시키는 대로 누워 있는 사이에 왼쪽 무릎의 끊어진 인대를 다시 잇는 수술이 시작되고, 윙윙거리는 기계음이 들리면서 마취된 하반신 때문에 고통 없이 덤덤히 무릎에 구멍이 뚫린 후 뭔가 연결되고, 고정시키는 모습을 화면으로 지켜보았다. 그로부터 6개월이나 병원신세를 지고 회복이 되었지만 이전의 몸 상태로 완전히 돌아온 것도 아니었다.

의사는 최선을 다해서 이전의 상태처럼 만들어 주려고 했을 테지만 뭔가 달랐다. 왼쪽 다리가 오른쪽 다리보다 약간 짧아져 버린 것 같은 느낌이 있다. 아무리 완벽한 수술이었다 하더라도 두 다리의 길이까지 완벽하게 보장해 주지는 못했던 것 같다. 똑바로 서 있으면 왼쪽 다리가 약간 허공에 떠 있는 것 같은데, 운동선수도 아닌 바에야 일상생활에는 큰 지장이 없는 이상 문제될 건 없었다.

다만, 어쩌다 한 번씩은 왼쪽 무릎 부위가 잘 안 펴지면서 통증이 올 때가 있는데, 이때는 헬스장에서 거꾸리라는 기구에 진짜 거꾸로 매달리는 걸 며칠 동안 반복하면 어느새 말끔해지곤 했다.

코로나로 헬스장을 갈 수 없는 상황에서 단순히 걷기만 하던 중에 무릎 통증이 또다시 찾아왔는데, 파스를 붙이고 걸어 봤으나 별효과 없이 통증의 불편이 계속되었다. 이런 상태라면 병원부터 찾아야 하지만 쓸데없는 오기가 생겼는데, 그게 달리기였다. 무릎이 아픈데도 달리는 무모함쯤은 세상을 살면서 늘상 있는 일이라 생각했다.

처음에는 걷기보다 아주 약간의 속력을 더해서 움직이는 정도였다. 그런데도 걸을 때와는 달리 양쪽 허벅지 근육에 묵직한 자극이 전해진다. 처음부터 무리하게 달릴 생각이 없었던 나는 적당한 거리를 달리다가 걷기를 반복했는데, 걸을 때보다는 달리면서 숨이 조금 차오르는 느낌이 의외로 좋았다. 더구나 새벽의 찬공기가 내 몸속으로 깊이 들어왔다 나가는 느낌은 달리는 것에 묘한 매력을 느끼게 했다.

한동안은 걷기와 달리기를 반복했는데, 달릴 때 바닥을 때리는 발바닥의 감각이 허벅지 근육으로 옮겨가며 느껴지는 뻐근한 통증은 조금씩 거친 숨소리와 어울렸다. 소박하고 다소 무식한 계기로 시작되었지만 이때부터 만만치 않은 중독성에 빠져든다. 이제는 걷는 일은 달리는 일의 뒷전으로 밀려나 버리고, 새벽의 분위기와 거칠게 튀어나오는 숨소리, 허벅지 근육의 적당한 통증은 분명 중독성의 시작이었다.

하루하루 달리는 거리가 늘어나고 그 늘어난 거리만큼 내 몸이 빠르게 적응해 가는 사이 무릎 통증은 없어졌다. 역시 세상은 가끔 무모함이 진리일 때가 있다. 달리기의 재미를 주는 다른 한 가지는 핸드폰의 기능에도 있다. 핸드폰의 앱을 켜 놓고 달리기를 하면 내가 움직이는 경로가 지도에 표시되고, 어느 정도 거리를 움직였는지, 어느 정도의 속도로 움직였는지, 시간이 얼마나 걸렸는지, 내가 움직인 거리의 경사도는 어느 정도인지, 걸음수는 어느 정도인지 같은 정보가 틀림없이 기록되는데, 어느 순간부터 이게 숫자의 함정으로 빠져들게 한다. km당 시간, 분당 걸음수, 목표거리의 시간을 확인하는 일의 재미였다.

이런 재미는 코로나 때문에 잠시 문을 닫았던 헬스장을 다시 나가게 되었을 때에도 여전했다. 헬스장이 문을 열기 전에 아파트 주변이나 운동장, 시청 주변을 상당히 달리고 나서 헬스장에 가다 보니 막상 헬스장에서는 간단한 몸풀기와 웨이트만 하는 정도로 충분하다.

내게 달리는 재주가 있을 줄은 50살이 넘어서야 알게 됐다는 사실도 웃기지만 달리기를 얼마나 지속할 수 있을지도 모르고 마음을 빼앗기고 있는 내 스스로에게도 웃기는 상황인 것이다.

오랫동안 습관적으로 해 오던 헬스장 운동에 싫증이 나서 잠시 새로운 것에 눈을 돌리는 일탈일 수도 있어서 누구에게 내색도 하지 않은 채 비밀스럽게 새벽을 혼자 달렸다. 처음에는 무턱대고 달리다가 점차 체계적으로 달릴 거리를 정해 놓고 기록을 재기 시작하고, 조금씩 페이스까지 조절하는 법도 알게 되었다. 초등학교 운동장을 달릴 때는 시합을 하는 것처럼 전속력으로 달려 금방 숨이 끊어질 듯한 고통도 마다하지 않았다.

그러는 사이 몇 개월이 지나게 되었는데, 뭐든 어느 정도에 이르면 새롭거나 자극적인 단계를 찾게 마련인가 보다. 나도 수개월 동안 혼자서 새벽 달리기를 하면서 뭔가 부족한 걸 채워줄 게 필요하다는 생각이 들 수밖에 없었다. 인생이 맨날 밥만 먹고는 살 수 없듯이 혼자서 달리는 입맛에 새로운 다른 무언가가 얹어져야 할 필요가 있었던 거다. 그래서 찾은 것이 전국마라톤협회 홈페이지다.

인터넷을 찾아보다 협회 본부가 대전이라는 것에 놀라기도 했고, 달리기 하는 방법에 대한 자료를 찾아보는 재미를 들이다가 청주에서 2020년 6월 14일 일요일에 무심천마라톤대회가 열린다는 안내문이 눈앞에서 별처럼 반짝였다. 코로나 때문에 가능할까 하는 의문도 들었지만 전국마라톤협회에서 주관하는 마라톤대회 신청을 받는다고 하니 태어나서 처음으로 참가하는 마라톤대회의 호기심으로 서둘러 참가신청을 하고 말았다.

코로나 때문에 단체 모임이나 행사가 어려운 시기에 어떻게 대회가 가능했는지 모르지만 이후에 예정되었던 대회는 계속 연기되다가 결국에는 취소되고 말았으니 그런 규모의 대회에 참가하게 되었다는 사실만으로도 얼마나 다행인지 모른다.

처음 참가하는 대회여서 무리하지 않으려고 5km 종목으로 2020년 5월 19일 참가신청을 하고 참가비 2만 원까지 입금해 놓고 나니 대회까지 기다리는 것에 조바심이 나기 시작했다. 평소에 달리는 모양대로라면 5km 정도야 무난하다고 생각했지만 혼자 달리는 것과 다른 경쟁자들과 달리는 차이는 분명히 있을 것이고, 그러한 경험이 없던 나로서는 스스로 하는 걱정을 완전히 무시할 수만은 없었다.

이왕 참가신청까지 해 놓은 마당에 이제는 남은 대회까지 5km를 정해 놓고 매일 연습을 하는 것밖에 달리 선택할 수 있는 게 없었는데, 참가신청 때까지만 해도 5km 정도야 우습게 생각했지만 대회가 다가올수록 마음의 부담감이 깊어지는지 뜻대로 기록이 나오지 않았다. 똑같은 코스인데도 숨이 가쁘고 다리는 잘 움직이지 않으면서 근육은 아프기만 하고 엉망진창이어서 덜컥 겁이 났다. 이러다 대회 당일에는 중도에 포기하는 게 아닌지 염려스러움을 넘어 두려웠다.

이미 주변에는 마라톤대회 참가를 떠벌려 놓았으니 이제 뒤로 물러설 수도 없는 처지가 되고 말았다. 그런 중에 맑은 영혼을 가진 아는 동생이 선뜻 나서 자기는 벌써 여러 번 마라톤대회에 참가한 경험이 있으니 함께 5km 참가를 하겠다는 바람에 한결 마음이 든든해졌다. 그다음에 막내 딸도 구경을 온다고 나서 주니 이제 더 할 나위 없게 되었다.

처음으로 출전하는 마라톤대회의 부담감을 안고서도 꾸준히 달리기 연습을 했는데, 기록을 재보면 30분 안으로는 분명히 들어올 수 있겠다는 자신감은 있었다. 대회까지 꽤 길게 느껴지지만 어쨌든 그날이 오기는 한다. 일요일 오전 9시부터 시작되는 마라톤대회에 대한 기대감인지 새벽에 일찌감치 눈이 떠져 공연히 시간을 보내야 하는 일도 참 지루했다. 그래도 시간이 지나 약속한 시간에 같이 참가하는 아는 동생의 차로 대회 장소에 도착한 후 응원 온 막내 딸까지 만나 설레고 두려운 마음으로 주최측에 내가 왔다고 알려 기념품과 배번호를 받았다.

청주 무심천에서 열리는 대회장에 그렇게 사람들이 많을 줄 예상하지 못했는데, 말 그대로 사람들로 바글바글해서 정신이 없을 정도다. 대회 참가인원만 789명이라 하니 동반 가족 등을 합하면 1,000명을 훨씬 넘는 사람들이 사방에서 웅성거린다. 주최측에서 연신 떠들어 대는 마스크 착용 당부 안내와 대회에 대한 소개, 진행 안내 방송은 귓등으로 흘러나갈 뿐 내 머릿속은 오로지 달려야 하는 걱정과 기대감으로 틈이 없었다.

서서히 대회 시작 시간이 다가오면서 단체 준비운동을 하고 나자 곧이어 대회가 시작된다는 안내방송이 있어 드디어 다른 참가자들과 출발선에 들어섰다. 한 손에 꼭 쥔 핸드폰의 이어폰이 내 귀와 연결되어 있고, 아침마다 기록을 재던 기록측정 앱을 실행시킬 준비까지 마쳤다. 대회가 시작되어 출발을 하게 되면 핸드폰의 앱은 1km마다 이어폰을 통해 그 기록을 내 귀로 전달해 줄 것이다. 늘상 손에 들고 달리기 연습을 하던 그대로 대회에서도 핸드폰을 한 손에 들고 뛰면서 기록을 체크하고 싶었다.

두근거리는 마음으로 출발을 기다리는 중에 신호가 떨어지고, 나는 천천히 달리기 시작하면서도 잘 달릴 수 있을까 하는 걱정으로 발걸음이 가볍지는 않았다. 출발하면서 서서히 원래의 페이스를 유지하려 했고, 함께 출발했던 동생이 시야에서 사라져 버리자 나는 아무 생각 없이 달리는 데만 집중했다.

그러다 5km 반환점을 돌아서면서부터 더 속력을 낼 만한 힘이 충분했기 때문에 욕심을 내며 앞선 경쟁자들을 한 사람씩 따라 잡는 재미가 있었다. 하지만 적절하게 조절하지 못하고 무리하게 속력을 높인 결과는 곧 숨을 목 끝까지 차오르게 했고, 그로 인해 속도가 현격히 줄어드는 걸 느꼈지만 포기할 수 없는 심정으로 그저 달리는 수밖에는 없었다. 이런 처지에서는 걱정과 두려움도 사치였다. 결승점을 약 1km 남겨 두고는 급격한 피로감이 몰려오고, 내 몸이 산소를 더 많이 빠르게 받아들이기 위해 거칠게 숨을 몰아쉬는 사이에 간신히 결승점에 도달했다는 생각밖에 들지 않았다.

결승점을 통과한 기록은 27분 12초 43이다. 이전에는 기록된 적이 없던 결과였고, 5km 참가자 115명 중 19번째로 결승점을 통과한 것까지 확인되자 그 감정의 묘함에 들떴다. 처녀 출전치고는 50대 나이에 엄청난 기록이 아닌가?

완주기록증을 받고 나서 완주메달에 이름과 기록을 새겨 넣고, 목에 걸어 사진을 찍는 모습은 마치 42.195km 풀코스를 완주한 사람처럼 후줄근해 보이기도 했으나, 아무려면 어떠냐 싶었다. 이렇게 내 마라톤대회의 처녀 출전은 풀코스를 완주한 듯한 뻔뻔스럽고 화려한 겉치레로 보였어도 나만 좋으면 그만이다.

메마른 계절에 조그만 불꽃 하나가 주위의 모든 걸 불길에 휩싸이게 하듯이 무심천 마라톤대회가 나에게는 작은 불꽃이었다. 화염에 휩싸인 내 의욕은 활활 타올라 수시로 전국마라톤협회에서 주최하는 마라톤대회 일정을 확인하면서 금산마라톤대회, 대전마라톤대회, 3대하천 마라톤대회, 대전서구청장배 마라톤대회, 세종시 복사꽃전국마라톤대회, 청원생명쌀 대청호마라톤대회에 모두 참가신청을 했다.

하지만 그놈의 코로나는 모든 대회를 연기하도록 하다가 결국 대회 자체를 취소하게 하는 일이 계속되었다. 결국 코로나 때문에 처음으로 출전한 오프라인 대회를 마지막으로 2년 정도는 제대로 대회가 열리지 못했으니 묘하고 아쉬운 달리기의 시작이다.

중국 태항산 여행

여행은 지나고 나면 감동은 사라지고 사진만 남는다.

우리는 그 사진에서 주섬주섬 추억을 줍는다. 그래서 사진에는 지난 시간의 끈적한 흔적을 찾는 재미도 있는 것이다. 태양광 사업을 하는 아는 동생과 여행사 패키지 상품으로 2019년 9월 25일 4박 5일 일정으로 중국 태항산 여행을 다녀왔다. 좋은 추억과 그렇지 못한 추억의 비중으로 그 여행이 평가되는 것이라 한다면 이번 여행은 여행사의 일단 지르고 보는 상술과 가이드의 욕심이 합쳐져서 사람을 아주 불편하게 했다. 지들 좋을 대로의 환상적인 콤비였다.

여행객은 선택관광을 강요받는다.

애초부터 강요될 선택관광이었다면 아예 그 말을 빼야 오해를 사지 않는다. 홈쇼핑을 통해 넉살 좋게 온갖 사탕발림 같은 말로 여행상품을 팔아 놓는 여행사의 뻔뻔함이나 현지 가이드 마음대로 선택관광비를 내놓으라는 뻔뻔함은 서로 다르지 않았다.

7~8개 정도의 선택관광이 있었기 때문에 출발 전부터 꼼꼼히 선택할 만한 코스 2~3개 정도를 골라 경비를 예상해 놓았는데, 내 의사는 묻지 않고 가이드가 일방적으로 고른 선택관광을 해야 한다는 일방적인 통보에 본격적인 여행 시작부터 기분이 팍 잡쳤다. 아무리 저가 여행상품이라 하더라도 299,000원의 패키지 가격에 선택관광비로 400달러를 더 내라는 가이드의 일방적인 강요 앞에서 마음 저쪽으로부터 뭔가 욱하는 감정이 치고 올라오는 걸 느낀다. 여행상품이 지 주제를 한참 벗어났다. 이건 돈 문제가 아니라는 오기에 빨간불이 켜지는 순간이었다.

　중국에 도착해서 그런 오기 탓으로 27명의 일행 중 우리만 따로 떨어져 여행을 하다가 결국에는 가이드와 적당히 타협을 해서 일행과 합류하게 된 중국 태항산의 여행은, 인천공항에서 여행사 미팅을 마치고 아시아나 항공 티켓을 발급 받은 후 8시 55분에 출발하는 비행기에 탑승하여 몸을 압박하는 속도를 느끼며 지상에서 떠오르는 것부터 시작되었다.

　해외로 나가는 여행의 매력은 공항에서부터 시작되는 것은 틀림없다. 약 1시간 동안 허공을 떠다니며 기내식까지 제공하던 비행기가 드디어 중국 천진공항의 활주로에 닿는 격한 흔들림이 멈추자 자리에 앉아 있던 승객들이 어수선하게 내리기 시작했다.

　천진공항에서 입국수속을 하는 긴 줄을 기다리다 내 차례가 되어 중국 입국 심사관 앞에 서니 그가 내 여권을 이리저리 뒤적거려 보더니 대뜸 영어를 할 줄 아느냐고 영어로 묻는다. 같은 동양인끼리 대화의 통로가 영어밖에 없었기 때문에 굳이 조금밖에 못한다는 표현을 하기는 싫어서 당당히 예스라고 짤막하게 대답하자 또다시 귀찮게 얼마나 머물거냐고 물어 간단히 four day라는 대답을 남기고 입국장을 빠져나왔다.

공항을 빠져나온 후 대합실에서 여행사 가이드의 피켓 주위에 모인 일행은 모두 27명이었다.

가이드를 따라 미리 마련된 버스를 타고 가까이에 있는 중식당으로 가서 배정된 자리에 앉아 있는 사이에 기름으로 범벅된 음식이 조금씩 나오기 시작하고, 그 음식을 맹숭맹숭하게 먹을 수 없었던 우리는 미리 생수의 모습을 한 소주를 꺼내 물컵에 따라 마시니 그제야 기름진 음식과 소주의 궁합이 제법 그럴 듯하다.

그렇게 서둘러 식사를 마치고 나서 천진역에서 고속철을 타야 했는데, 철도역으로 들어가는 입구에 공항 검색대처럼 짐을 일일이 투시기에 집어넣고 그 속을 낱낱이 까발리는 짓을 지켜봐야 했다. 검색이 아니라 수색을 하려는 것인지 벌건 완장까지 차고 다니는 중국 경비대의 모습이 영 낯설어 고개를 돌리게 만든다. 우리 일행 중 어떤 사람은 검색 과정에서 접이식 캠핑나이프를 빼앗겼다고 어이없어 하며 허탈한 표정을 짓는다.

그렇게 살벌한 검색대를 무사히 통과하여 역 대합실에 도착했으나, 곧바로 고속기차를 타지 못하고 하염없이 기다린 끝에 오후 4시쯤에야 기차를 타게 될 거라면서 티켓을 나눠주는 가이드에게 다른 일행이 항의를 했으나 가볍게 무시당하고 만다. 천진역에서 4시간 동안 갇혀 있을 수밖에 없다는 상황이 더 답답하고, 검색대까지 통과한 마당에 다시 밖으로 나갈 수는 없었기 때문에 고스란히 대합실의 탁하고 후텁지근한 공기를 들이마시고 있어야 했다.

딱히 갈 곳 없이 넓은 대합실 안을 이리저리 돌아다니고 있으려니 동물원 우리 안에 갇혀 있는 게 아닌가 하는 초조함이 일어나지만 그런데도 시간만은 어쩜 그리 더디게 흐르는지 폭싹 늙어버려 그 몰골이 점점 추레해지는 것만 같다.

4시 5분에 드디어 고속철에 올라탔지만 무려 3시간 40분 정도를 평균 시속 300km의 무자비한 속도로 달리며 끝나지 않을 것 같은 평탄한 바깥의 풍경에 곧바로 싫증이 나 버리고 말아 일행들은 각자 숨겨 온 술을 꺼내 들고 눈치껏 취해 가고 있는 사이 신향동역에 도착한다.

신향동역에서 버스를 타고 숙소인 휘현의 휘현풍성중주호텔까지 또다시 1시간가량 가야 한다는데, 바로 거기서 가이드가 강요된 선택관광 얘기로 본심을 드러내고 만다. 다른 일행들은 가이드가 시키는 대로 선택관광에 동의했지만 우리는 그럴 수 없어서 동의하지 않자 가이드는 숙소에 도착해서 우리 방까지 찾아와 설득을 하려 애를 썼지만 같이 간 동생이 딱 잘라 선택관광이 필요 없다고 말하자 그대로 되돌아 나간다.

우리 두 사람은 뭐 이딴 게 있냐고 흥분한 나머지 호텔 방에서 가져간 술을 꺼내 마셔 대기 시작했다. 뭔가 공통된 얘깃거리가 생긴 상태에서 여행의 감성까지 더해지다 보니 술맛은 좋아서 나빴던 기분도 잊은 채 한참을 즐거워했다.

다음 날 아침에 어제 마신 술의 통증을 가득 안고 익숙치 않은 향으로 가득한 호텔 식당에서 나는 기름에 절은 볶음밥과 숙주나물, 꽃빵을 담아와 챙겨 간 고추장에 막 비벼 먹었다. 식사를 하고 나니 커피 한 잔이 생각났는데, 여기는 커피가 없다.

아침을 먹은 후 본격적인 관광이 시작되는데, 태항산맥에 딸린 산 중에 천계산까지 버스로 약 40분을 이동해서 보니 웅장한 바위산과 깎아지른 듯 매서운 높이에서 내려다보는 광경에 아무리 속상해도 감탄이 나오지 않을 수 없을 정도다. 열심히 핸드폰 카메라로 모든 것을 담아낼 듯 찍어 대는 동안 절벽에 유리판을 설치한 유리잔도에 도착해서는 유리판을 통해 보이는 아래의 까마득한 높이에 저절로 오금이 저려 온다.

오전 일정을 함께하던 다른 일행은 강요된 선택관광을 거부한 우리와 달리 천계산의 케이블카를 타러 가고, 본의 아니게 선택관광의 낙오자가 된 우리는 보조가이드가 따라붙어 다르게 움직이는 수고를 한다.

우리만 뜻하지 않게 따로 자유일정이 주어진 게 되어 점심 때까지 오전을 느긋하고 여유 있게 보내게 된다. 여행의 목적대로 쉬고 힐링하는 느낌으로 천계산 주변을 어슬렁거리는 동안 주변 경치에 불필요한 말도 없이 그냥 그대로의 산을 즐겼다. 케이블

카로 산 정상을 일주하고 온 다른 일행과 점심으로 산채비빔밥을 먹었지만 그들로부터 정상에서의 큰 감동은 느껴지지 않는다. 타이트한 여행은 말 그대로 고생인 셈이다.

오후 일정부터 선택관광팀과는 아예 별개로 움직이게 되어 있는지 선택관광을 선택한 25명의 일행과 헤어져 우리 두 사람에게 보조가이드가 배정되어 먼저 산을 내려와 버스를 타고 다음 일정지인 만선산으로 이동한단다. 버스로 약 1시간 30분 정도 이동하는 사이 그 넓은 버스 안에는 운전기사와 보조가이드, 우리 두 사람을 합해 4명이 탔을 뿐이니 이런 호사가 어디 있겠는가?

우리 두 사람은 넓은 버스 안에서 각자 자리를 잡고 잠에 취했다가 눈을 뜨면 바깥으로 보이는 끝없는 풍경을 보는 일도 큰 즐거움이었다. 여행은 한가로움과 집중의 시간이 적절히 배합되어야 한다면 강요된 선택관광으로 분리되어 버린 이런 우리의 모습은 가장 이상적인 형태가 바로 지금이라는 생각이 들었다. 만선산 근처에서 보조가이드의 수고스러움으로 주변 경치를 마음껏 구애받지 않고 자유로이 즐겼다는 점에서 선택관광을 하고 있는 다른 일행의 안위보다 반란을 일으킨 우리의 여유로움이 주는 만족감은 이보다 어떻게 더 좋을 수 있을까 하는 데에 이르렀다.

만선산은 주상절리의 거대한 돌산이 언제 쏟아질까 쓸데없는 걱정을 하게 만드는 재주가 있는 산이다.

따로 떨어진 두 사람이니 본의 아니게 다른 여행사에서 온 여행객과 산 위에까지 이동차량을 함께 타야 하는 일도 생겨 내 옆에 앉은 어떤 나이 드신 분은 우리에게 어째 두 사람만 왔냐고 묻기도 해서 나는 보조가이드에게 들리지 않게 선택관광의 반란을 일으키는 바람에 따로 떨어져 다니게 된 거라고 은밀하게 말을 전했다.

만선산을 충분히 둘러보고 먼저 내려와 다른 일행을 기다리는 동안 보조가이드에게 한국말의 유창함을 칭찬하자 자신이 조선족이라며 겸손해 하는 모습을 보인다. 그래서 조금은 우리에게 보이던 떨떠름한 표정이 순화되는 느낌을 받는다.

다른 일행은 도대체 뭘 하는지 알지 못하는 동안 우리는 주변 기념품 가게에서 산호도라는 특이한 열매의 씨앗으로 만든 목걸이 형태의 장신구를 아내와 두 딸의 선물용으로 손짓 발짓을 섞어가며 100위안을 주고 구입한 후에는 근처 허름한 식당으로 들어가 채소 돼지고기 음식을 40위안에 주문한 다음 가지고 간 소주와 함께 먹었다. 시래기와 같은 채소가 돼지고기와 기름에 볶아진 맛은 여전히 기름진 중국음식의 범주를 벗어나지는 못했어도 나름 괜찮은 맛이다. 이런 여유가 어디서 오는 것인가를 생각하면 이대로의 여행도 나쁠 것은 없었다.

적절한 시간에 다른 일행이 도착하자 고량주와 함께 준비했다는 양꼬치 식당에 도착해 보니 꼬치에 꿰인 양고기가 너무 적어 소스를 듬뿍 찍어 양을 늘리려 노력하다 고량주 냄새에 질려 버린 나는 배낭에서 조용히 생수 같은 소주를 꺼내 놓는다. 오늘 하루 따로 떨어져 움직인 일행들도 우리와 다시 만난 것을 기념하듯 잘도 마셔댄다.

적당히 먹은 다음 버스를 타고 다음 숙소인 임주시의 임주복원호텔에 도착했다.

화려하지는 않지만 무난한 호텔의 방을 배정받고 나자 가이드가 우리 두 사람을 따로 불러 호텔 로비에서 얘기 좀 하잔다. 가이드는 우리에게 따로 생각하던 선택관광이 몇 개인지를 물어보더니 거기서 조금만 더 생각해서 가이드 비용을 합해 220달러에 합의를 보자는 제안을 했고, 우리 두 사람은 심각한 고민을 하는 척하다 슬쩍 손을 내밀어 전격적인 합의에 이른다.

이제 자유로움과 여유는 물 건너 간 듯하다. 호텔방에 들어와 통조림과 컵라면을 안주 삼아 소주를 마시며 우리의 전격적인 합의의 가치에 대한 열띤 의견을 나누다 어찌 잠이 들었는지 모른다.

이번 여행에서 몇 가지 사실이 특이하다. 호텔방에 냉장고가 없다. 영어가 통하지 않는다. 인터넷을 제대로 쓸 수 없다. 이메일에 사진을 첨부해서 보내지 못한다. 공산국가로서의 중국이 보이는 현주소다.

술 먹다 잠이 든 우리는 아침밥을 챙겨 먹는 일에는 소홀하지 않는다. 여전히 기름으로 범벅이 된 볶음밥으로 아침 식사를 마치고 나서 다른 일행이 예정된 일정을 진행하러 아침 일찍 버스를 타고 가야 하는데도 우리 두 사람의 마음은 여유롭다. 가이드와의 전격적인 합의에는 오전까지는 우리 두 사람에게 자유시간을 준다는 내용이 있었기 때문에 느긋한 마음으로 아침 식사 후에 배낭을 메고 호텔 근처의 조그만 공원을 찾아내어 공원 돌아보기 놀이도 하고, 조금 더 멀리 임주시 경찰청과 임주시청까지도 진출해 본다.

자유시간의 아쉬움을 남기고 약속된 11시에 우리를 데리러 온 보조가이드를 따라 식당에 도착해서 다른 일행과 멀건 된장찌개로 적당히 점심식사를 마치고 버스로 태항산 대협곡의 동북쪽에 위치해 있다는 팔천협에 도착하니 거대한 협곡의 모습이 눈에 들어온다. 짧았던 선택관광의 반란이 조금은 아쉽다.

수많은 관광객이 마구 몰려 있는 그곳에서 우리 일행은 가이드를 따라 먼저 협곡의 물을 가둬 둔 곳에서 배를 타고 약 40분가량 물길을 거슬러 올라가며 경치를 즐길 수 있었다. 적당하고 서늘한 공기와 닿는 내 몸은 금세 좋은 기운으로 반응한다. 계곡을 타고 올라 간 곳에 설치된 엄청난 길이의 케이블카에 몇 명씩 올라탄 후 한참을 가고 나서 내려선 곳은 지나치게 가파르고 좁은 폭의 끝도 없는 계단이다. 내려가는데 온 신경을 써야 할 정도로 위험해 보이는 계단에서 전격적인 합의가 이런 생고생으로 이어진 건 아닐까 하는 우스운 생각도 해 본다.

잘못하다간 천길 낭떠러지 아래로 떨어질 수도 있겠다는 두려움에 한 계단씩 조심스럽게 난간을 잡고 내려가는 중에 너무 큰 두려움으로 힘들어 하는 다른 사람을 보니 그나마 내 사정은 낫다. 공연한 위험을 감수하면서 계단을 모두 내려오자 이제는 절벽에 직각으로 세워진 승강기에 태워지고, 산 아래까지 내려가는 시간은 그동안의 고생을 어색하게 할 정도로 너무 허무하게 짧다.

이렇게 일정을 끝내고 저녁 식사를 한 다음 우리 두 사람은 오전에 보아 둔 번화가까지 걸어가서 집단 체조를 하는 사람들을 구경하거나 도로에서 말도 안되는 행태를 보이는 운전자들의 싸움 구경까지 한 것으로 하루를 마무리 한다.

다음 날 아침도 전날과 똑같은 형식으로 식사를 하고 나서 챙겨간 커피를 둘이 아껴 나눠 마시면서 비로소 살아있다는 익숙한 냄새를 느낀다. 커피가 없는 중국. 커피가 그리운 우리. 안 맞는다.

이제 여행의 마지막 날이 다가왔고, 내일은 그저 한국으로 돌아가는 일에 집중해야 하는 날이다. 아침 일찍 버스를 타고 달려 간 곳은 대협곡이다. 계곡을 타고 내려오는 힘찬 물소리를 들으며 약 1시간 넘게 산행하는 기분이 좋다. 적당한 운동이 될 만큼 상쾌한 기분으로 정상에 도착하고 나서 점심 식사까지 마치자 공식적인 여행 일정은 끝난 것이어서 버스를 타고 한단이라는 지역으로 약 2시간 정도 간 후에 일정 때문에 4시쯤 이른 저녁식사를 해야 한다고 알려 준다.

한단까지 가는 동안에 고속도로를 빠져나오는 곳에서는 삼엄하게 중국 공안들이 떼를 지어 차량 검문을 하느라 차가 밀리고, 일일이 차량마다 트렁크를 열게 하여 검색을 하는 것도 모자라 차량에 탑승한 동승자들을 차에서 내리게 하는 모습까지 보인다. 좀 심하다 싶은 모습에 얼른 우리나라로 돌아가고 싶다. 이제 적당히 집이 생각나는 시점이 온 거다.

기차역에 도착해서는 다시 검색대를 통과한 후 저녁 6시 30분쯤 고속철을 타고 출발하여 9시가 다 되어 천진역에 도착한다. 천진공항과 가장 가깝다는 천진천위이비스호텔로 가는 동안 길거리에 찌린내가 진동해서 걱정스러웠는데, 우리를 몰아넣은 그 호텔은 찌린내 만큼이나 가장 최악이다. 복도에 깔려 있는 카페트에서는 곰팡이 냄새가 진동하고 호텔 내부도 불결한 모습에 도저히 그대로 잠을 잘 수 없을 것 같아 아예 샤워하는 것도 포기한 채 다른 일행과 함께 남은 소주를 마시고 나서 대형 타월을 침대에 깔고 바람막이 외투를 덮고 선잠을 자다 간신히 아침을 맞았다.

아침 식사를 대충 끝내고 천진공항에 도착해 비행기에 오르면서 이제는 다시 중국으로 여행을 오게 될까 의문이 든다. 여행은 집으로 돌아가고 싶은 간절한 마음을 확인하는 것으로 만족해야 한다. 나름 고달픈 여행이었다.

마라톤 풀코스 완주기

　코로나 때문에 달리기에 맛을 들인 내게 코로나는 성급하지 않게 달리기 연습을 착실하게 할 수 있는 기회가 됐다.

　아무 것도 하지 못하게 하는 코로나로 오프라인 마라톤대회가 줄줄이 취소되는 상황에서 전국마라톤협회는 언택트 마라톤대회라는 이벤트를 만들어 냈고, 나는 마이런 훈런프로그램이라는 이벤트에 2020년 9월 3일 100km 완주하기 참가신청을 했다.

　장소에 구애받지 않고 스마트폰 같은 측정도구로 혼자 달린 거리를 재고, 그 기록을 마라톤협회 담당자에게 보내면 기록을 인증해 주는 형태로 운영된단다. 처음에는 100km 달리기로 시작했는데, 점차 100km씩 누적된 거리로 500km까지 신청을 받더니 나중에는 아예 1,000km부터 5,000km까지 거리를 늘려 2021년 2월 28일에 이벤트가 종료되는 것이었다.

2020년 9월 3일 100km 신청을 하고 나서 9일만에 100km 달리기를 마친 후 계속 100km씩 추가 신청을 하면서 완주메달과 완주기록증을 받는 재미에 빠졌다. 이렇게 시작된 이벤트에서 2021년 1월 13일까지 2,000km를 완주했는데, 이 정도의 거리를 달렸다는 것만으로도 충분히 만족스러웠다. 지금도 이 기록은 풀코스 완주한 기록과 함께 내게 있어 자랑할 만한 것이다. 쉽지 않은 일이었다.

이렇게 이벤트가 진행되는 중에도 마라톤협회에서는 계속 다른 형태의 언택트 마라톤대회 이벤트를 진행했는데 난 그런 이벤트에 계속 참가신청을 했다. 2020년 9월 3일 제3회 언택트 마라톤대회 신청을 한 이후 계속 달리기를 하다 보니 이제는 풀코스에도 도전을 해 볼 수 있겠다는 자신감이 생겼다. 이전에 이미 일정한 속도로 하프코스 정도는 여러 번 거뜬히 달려 봤고, 심지어 아무런 준비 없이 37km까지 달리다가 수분과 영양분 부족으로 완주를 포기한 적도 있어서 페이스를 어떻게 유지해야 하는지는 알고 있었기 때문에 서두르지 않고 흐름만 잘 타면 풀코스 완주도 얼마든지 가능하다는 생각은 하고 있었다.

언택트 이벤트 기간인 2020년 10월 9일 한글날에 물과 초코파이, 사탕을 준비하고 새벽에 일어나 5시 42분부터 풀코스 마라톤을 시작했다. 1km 조금 넘는 거리인 시청 주변을 달려 풀코스를 완주하려는 것이다. 초코파이 1개와 사탕 몇 개는 주머니에 넣어 두고 생수 2병 정도는 시청 주변에 적당히 나누어 놓은 다음 나머지 4개의 초코파이와 3개의 생수를 조그만 쇼핑백에 담아 남들이 다니지 않는 후미진 곳에 놓아 두었다. 9월 26일 사전 준비 없이 37km를 달리다가 어떤 상태로 중도에 포기하게 되는지 경험했기 때문에 풀코스를 완주하기 위해서는 얼마나 많은 열량과 물이 필요한지 잘 알고 있었다.

새벽에 나와 준비운동을 마치고 새벽 5시 42분부터 스마트폰의 달리기 앱을 실행시키고, 편한 마음으로 풀코스 완주를 목표로 달리기를 시작했다. 1km마다 스마트폰 앱은 내가 달리는 시간을 알려 주기 때문에 달리는 페이스를 유지하는데 유용하다. 막상 달려 보니 컨디션도 좋고, 호흡조절도 원만한 게 더할 나위 없었다. 1km를 달리는 평균시간이 5분 40분대로 유지되고 있었고, 거뜬히 30km까지도 힘들이지 않고 달렸다. 30km까지는 체력도 잘 유지되는 상태라 초코파이는 먹지 않은 대신 수분 부족현상이 나타나지 않게 미리 달리는 자리에 놓아둔 생수를 조금씩 마시며 달렸다.

30km를 지나 체력 보충을 위해 주머니에 있던 초코파이를 꺼내 달리면서 입에 구겨 넣다시피 먹었다. 곧바로 에너지가 충전되는 느낌이 들고, 앞으로 급격히 체력이 떨어질 것을 대비해 주머니에 초코파이를 채워 넣기 위해 쇼핑백을 놓아 둔 곳으로 갔는데, 원래 있어야 할 자리에 쇼핑백이 보이지 않았다. 순간적으로 오늘도 완주를 포기해야 하는 게 아닌지 덜컥 겁이 났으나, 그래도 달리는 걸 중단할 수는 없어 일단 시청 주변 코스를 다시 한 바퀴 돌아 쇼

펑백이 있던 자리로 다시 왔으나, 여전히 쇼핑백을 찾을 수 없었다. 그 순간의 참담함은 뭐라 표현하기도 어려웠다.

풀코스 완주를 하는데 가장 힘이 든다는 35km 지점에 이르자 역시 예상했던 대로 몸 상태가 현저하게 떨어지기 시작했다. 이제 불과 얼마 남지 않은 거리를 두고 체력을 보충해 줄 초코파이는 없어졌고, 생수마저도 확연히 부족하다는 티를 내고 있는 상태라 심리적으로 흔들리기 시작했다. 이대로 가다가는 틀림없이 체력이 버티지 못할 것 같은 생각에 주머니에 있던 조그만 사탕이라도 먹어야겠다는 심정으로 사탕을 꺼내 껍질을 까려고 했는데, 오래된 사탕인지 겉포장지에 눌어붙어 포장지가 잘 벗겨지지 않는다. 그나마 2개의 사탕을 제외하고 나머지는 손에서 빠져나가 바닥에 떨어졌지만 그걸 보고도 달리기를 멈출 수 없어 달리면서 포장지가 벗겨지지 않는 사탕을 그대로 입에 넣고 깨물어 단물만 빼먹으며 달리기를 계속했다.

급격한 체력 손실이 일어나는데도 몸으로 들어오는 영양분이 없으니 당연히 달리는 속도가 현저히 줄어들고 조금씩 아껴서 마시던 생수마저 모두 바닥나고 말았다. 손에 쥐어진 걸 빼앗긴 것처럼 더 간절해진 몸은 계속 먹을 거와 마실 거를 달라는 아우성이 거세다. 39km부터는 달리는 게 아니라 달리는 시늉만 낸다고 할 만큼 체력도 고갈되어 버렸다. 하지만 여기서 이대로 포기할 수 없다는 생각은 오히려 또렷해서 어려운 걸음이라도 내디뎠다. 마실 것에 대한 갈증은 결국 시청 놀이터에 있는 식수대의 물로 해결하면서 오전 9

시 56분 어렵게 풀코스 42.195km를 완주하는데 성공했다. 풀코스 완주기록 4시간 13분 18초, 평균속도 1km당 5분 59초의 기록을 달성했다.

완주한 후에 나는 누가 보든 상관없이 길바닥에 누워 한참을 일어나지 못했다. 그렇게 길바닥에 누워 있어도 밀려오는 갈증은 여전해서 흐물흐물해진 몸뚱이를 마지막 힘으로 일으켜 세워야 했다. 가까운 편의점으로 가서 대형 요구르트와 기억도 나지 않는 음료를 사 들고 그 자리에서 벌컥벌컥 마시고 나자 정신이 조금 돌아오는 듯했다. 간신히 집으로 돌아와 샤워를 하면서 마라톤 풀코스의 여운을 몸이 기억하고 있다는 걸 알았다. 접힌 살갗 부분이 옷과의 마찰로 쓸려 생채기가 나 있었던 모양이다. 비눗물이 닿자마자 저절로 몸을 웅크릴 만큼 쓰라렸다.

조심조심 샤워를 마치고 나서는 그대로 침대에 곯아 떨어져 늘어지게 잤다. 물론 잠을 자고 나서도 풀코스 완주의 후유증이 모두 없어져 버린 것이 아니라서 그 후로 며칠 동안 몸의 움직임이 거북스러웠다. 지독히도 고독했던 풀코스 완주 후에 마라톤협회로부터 인증서와 완주메달을 받는 김에 사진을 넣은 기념패도 함께 주문을 했다.

기념패를 받고 가까운 지인들과 기념으로 돌아가면서 술을 마신 건 순전히 자랑하기 위해서였다. 풀코스 완주한 일을 이곳저곳 자랑하고 싶은 마음을 애써 감추려 하지 않았다. 코로나로 아무 것도 할 수 없는 불행한 때에 난 그래도 어떤 것 하나는 해 냈다는 기록을 남긴 거다. 누구나 쉽게 할 수 없는 바로 그 일을 말이다. 그나저나 지금도 궁금한 건 도대체 누가 그 이른 아침에 내 초코파이와 물을 가져간 걸까?

코로나 체험기

코로나에 걸렸다.

이런 걸 좋은 경험이라고 한다면 미친 놈이란 소리를 들을지 몰라도 좋은 쪽으로 생각하기로 한다. 백신을 3차까지 맞았는데 2022년 3월 21일 코로나 양성반응이 나와 1주일간 격리생활을 하게 됐다. 나한테는 격리생활이 잘 맞는다. 원래 밖으로 쏘다니는 걸 좋아하지 않는 은둔자의 기질을 타고난 덕인지 1주일의 격리생활은 나름 좋았다. 아픈 증상이 며칠 지나고 나니 일어나 앉을 수 있었고, 남는 시간은 손안에 들린 책과 충분한 휴식으로 채웠다. 코로나 감염으로 생각지도 못한 호사까지 누린다는 건방진 생각까지 들기도 했다.

금요일 저녁 때 거실에서 저녁을 먹으며 혼자서 좋아하는 캔맥주 1개를 꺼내 홀짝이며 마셨지만 어째 1개로는 모자란다는 생각이 들어 1개를 더 꺼내 마시다가 언제인지도 모르게 거실바닥에서 잠이 들었다. 새벽에 차가워진 몸이 으슬으슬거리는 느낌이 있어 방으로 들어가 이불을 덮고 잠이 들었지만 토요일 아침에 눈을 떠 보니 몸이 무거웠다.

그래도 코로나 감염이라고는 생각지도 못했던 게 이미 3차까지 백신 접종을 했고, 그동안 그렇게 수많은 코로나 격전지를 맨몸으로 돌아다녔어도 감염되지 않았다는 사실에서 나만은 코로나 항체가 튼튼하게 버텨 준다고 생각했던 거였다. 그런데 보기 좋게 틀렸다. 점심 때까지도 컨디션은 좋지 않았지만 그럭저럭 버틸 수 있었는데, 저녁부터는 몸이 추워져 이불을 덮어도 오한이 나고, 어라? 하는 불안감이 마음을 무겁게 하기 시작했다.

뭔가 불길한 예감은 그대로 일어나는 법이라는 그 흔한 말이 내 심장에 콕 박혀드는 기분이었다. 이미 어두워진 밤에 어찌할 수 없어 일요일에 딸을 시켜 코로나 진단키트를 사오라 했다. 코의 점막 깊숙이 면봉을 넣고 사정없이 돌려댄 후 시약에 면봉 끝을 잘라 넣고 15분쯤 기다린다. 그게 뭐라고 기다리는 시간에 내 마음은 둘로 정확하게 갈라져 있다. 코로나 양성이면 어쩌지? 코로나 감염이 아니겠지? 하는 의문이 번갈아가며 마음을 심란하게 했다.

화장실에 있는 동안에 바깥에서 "아빠 양성인데?" 하는 딸의 목소리가 들려온다. 어찌나 가슴이 철렁하는지 그 소리의 진원지에 대한 원망스런 감정이 울컥 일었다. 아니라는 말은 왜 이런 때는 딸의 입에서 안 나오는걸까?

양성반응을 알리는 딸의 말에 나는 조용하게 격리자로서의 자세로 웅크러 들었다. 우선, 양성 결과가 나타난 진단키트를 들고 시청으로 PCR검사를 받으러 갔는데, 이런 때 시청 근처에 집이 있다는 사실이 얼마나 큰 다행인지 모른다. 기다란 면봉 1개가 나의 콧속 깊숙이 드나들고, 다른 1개의 면봉은 입 안쪽의 점막을 문질러 시료를 채취하는 비교적 간단한 절차가 진행되고 난 후 집으로 돌아와 결과를 기다렸지만 이미 약국에서 구입한 진단키트에서 양성반응이 나온 이상 다른 결과를 기대할 수도 없었다.

오한이 나는 몸으로 침대에서 비비적거리는 동안 딸은 체온계에 나타나는 체온이 39도라고 알려 온다. 왜 그렇게 체온이 높냐는 딸의 말에 마음 속으로는 그걸 몰라서 묻느냐고 고함을 치고 있었다. 3번의 백신까지 맞은 사람은 증상이 경미하다고 방송에서 떠들어대고, 실제 앞서 감염되었던 대학 후배 - 막내딸이나 대학 후배나 모두 같은 이름을 가지고 나를 우울하게 만든 장본인들이다 - 는 분명 열은 나지 않고 기침과 가래 정도만 있었다면서 경미하게 지나간다고까지 알려 줬는데 난 뭔가 하는 생각까지 든다. 열도 나고 기침과 가래, 왼쪽 기관지 쪽의 통증까지 있다.

오한 때문에 이불을 둘러싸고 침대에서 뒹굴거리던 나는 새벽 6시쯤 문자 한통을 받는다. 당첨이 되었다는 내용이다. 양성반응이 나왔으니 꼼짝 말고 1주일 동안은 스스로 격리하고 있으란다. 문자메시지를 받자마자 사무실 사람들에게 내 상태에 대한 문자메시지를 보내 놓고 본격적으로 드러누워 버렸다.

아침에 평소 약을 타러 다니던 내과에 전화를 걸어 내 증상을 알려 주니 원격진료로 처방을 받아 딸이 약국에서 약을 가져왔다. 이제 코로나 확진자로서의 생활을 시작하기에 앞서 딸에게는 다른 가족에게 나의 상태를 철저히 비밀에 부쳐 주기를 당부했다. 마나님이 외지에서 한창 돈벌이를 하고 있는데 공연한 걱정의 빌미를 주기 싫었고, 그런 걱정과 함께 딸려 오게 될 온갖 잔소리를 피해야했다. 다른 가족도 공연한 걱정으로 호들갑을 떠는 걸 바라지 않았다. 막내 딸과 나만의 비밀이 생긴 것이다. 3~4일은 호되게 앓았다. 기침과 목의 통증은 견딜만 했지만 오한이 나는 건 고역이었다.

그나마 산을 좋아하는 아는 형이 보내 준 전복죽, 사무실의 대학 선배와 함께 집까지 찾아와 준 변호사 형이 들고 온 커피 한 잔과 차돌된장찌개 밀키트, 해장국 포장은 더없이 큰 위로였다. 빼꼼히 현관문을 열고 멀찍이서 바라만 보아야 했던 거리감을 커피 한 잔과 비닐봉투 속의 음식이 충분하게 좁혀 주었다. 물질에 약한 한 인간이 자석처럼 끌려가는 마음은 나로서도 어쩌지 못한다. 코로나가 옮겨 붙을까 서둘러 현관문을 닫고 책상에 앉아 맛보는 커피의 고소함이 즐거웠다.

점차 오한이 가라앉으면서 이제 본격적인 휴식의 즐거움이 찾아왔다. 집에서 할 수 있는 업무를 대충 끝내 놓고 책을 읽다가 약기운에 한숨 푹 자는 일이 반복됐다. 자고 나면 개운한 맛이 일품이다. 나라 전체의, 아니 세계 전체의 팬데믹이라서 그런지 아무리 급한 일이라도 확진이라는 한마디 말만으로도 금세 일정을 늦출 수가 있었다. 프리패스같이 모든 게 통했다. 확진자로서의 혜택을 톡톡히 본다.

문제의 심각성은 1주일의 격리 기간이 끝나서 몸이 완전히 회복 되었다고 생각한 데에서 비롯된다. 격리기간이 해제되고 출근을 하게 된 월요일에 이전처럼 새벽에 일어나 그동안 격리 때문에 뛰지 못했으니 오랜만에 힘차게 달려 봤다. 5km를 달리고 나니 잔기침이 심하게 나왔다. 좀처럼 진정되지 않는다. 출근을 하고 나서도 가슴 쪽에 뭔가 묵직한 게 누르고 있는 듯하고 가래도 조금씩 나온다. 결국 자주 가는 내과에 들렀더니 청진기를 통해 들리는 몸 상태가 완전치 않다면서 약을 먹으라 한다. 또다시 열심히 아침, 점심, 저녁 꼬박꼬박 약을 먹어야 한다.

약을 먹고 잠을 자고 다음 날이 되니 몸이 맑아진 걸 느껴 다행이다 싶기는 했다. 그래도 잔기침의 증상이 계속 조금씩 드러나서 뭔가 개운치 않다. 한 달 정도는 잔증상이 있을 거라는 다른 확진자의 말을 들어 보면 코로나가 대단한 놈이긴 한 모양이다. 이제는 거의 예전의 상태로 돌아왔지만 달리기의 기록이 예전 상태로 돌아오기까지 6개월은 넘게 걸린 것 같다. 그만큼 코로나가 폐에 미치는 영향이 컸던 모양이다.

이제 내가 코로나 걸렸다는 걸 알게 될 마나님의 반응이 어떨라나?

코로나 체험기

군산 선유도 여행

인터넷을 통해 예약한 당일치기 군산 선유도 관광버스 여행을 사무실에 같이 근무하는 대학 선배와 함께 했다.

2019년 10월 18일 금요일 아침부터 여행사 가이드와 미리 약속한 현충원역 부근의 집결 장소로 시간 내에 도착하기 위해 바삐 움직였다. 평소대로 헬스장에 들러 간단하게 운동을 한 후 삶은 계란을 한 움큼 통에 담고 보온물통과 밤새 추위에 떨다 결국 얼어 버린 소주 2병을 냉장고에서 구출해 배낭에 서둘러 담는 것으로 출발 준비를 마쳤다.

탄방역으로 가서 전철을 타고 조금 일찍 약속한 장소에 도착해 사무실 형이 어디쯤 오려나 통화를 하니 역시 한결 같다. 버스를 타고 오다가 아무래도 늦어질 것 같아 중간에 내려 택시를 타려 한단다. 다행히 늦지 않은 시간에 도착한 형과 관광버스에 타고 보니 우리만 데리고 다음 집결지로 출발을 한다.

그 넓은 버스 안에 달랑 두 사람만 타고 가려니 배낭에 담아 온 소주와 먹을거리가 답답하다고 아우성치는 것 같아 꺼내 주었다.

그리고 마시고 먹었다. 거칠게 달리던 버스가 도착한 곳은 함열역인데, 거기서 이미 도착해서 기다리던 약 10여 명의 단체여행객들-대부분 나이 지긋하신 여성들 - 과 합류해서 익산 항아리공원으로 이동한단다.

간장과 식초, 효소가 익어 가는 항아리공원의 정식이름은 고스락이라 써 있다.

버스기사는 가이드까지 겸하고 있는데, 거칠게 몰던 그 성격대로 열정적인 설명에 심취한 모습을 즐기면서 우리 일행은 오리새끼들처럼 졸졸 뒤를 따라다니기 바빴다. 짬을 내 다른 여행객과 말을 해 보니 단체로 온 나이 드신 여성들은 수원에서, 부부로 보이는 2명은 천안에서 왔단다. 수원과 천안, 대전에서 모인 한 무리의 단체는 끼리끼리 서로 얼굴 표정을 달리하며 여행의 즐거움을 표현하기 바쁘다.

병아리들이 처음 찾은 곳에서 식초며 된장이며 한 보따리씩 사는 것을 보고 흡족한 표정의 기사겸 가이드는 더욱 열정이 넘친다. 기사는 다시 우리 병아리들을 버스에 밀어 넣고는 군산 선유도를 먼저 가겠다면서 거침없이 버스를 몰아 군산에 이르고, 다시 새만금 방조제 길을 따라 이제는 육지로 연결되어 섬으로서의 자격을 상실해 버린 선유도에 도착했다.

자유 중식을 표방한 이번 여행에서 이미 가이드는 선택의 여지를 주지 않고 식당 주차장에 차를 갖다 댄 후에 먼저 식사 주문을 해 놓고 나서 음식 준비를 하는 동안 주변 트래킹을 하라는 말에 우리는 우럭매운탕을 주문했다. 뭔가에 홀리듯 식사 주문을 했지만 이게 아닌데 하는 찜찜한 마음을 숨긴 채 가이드를 따라 주변 트래킹 코스를 돌면서 시장기를 돋궜다.

우럭매운탕은 1인당 15,000원이고, 그 이하의 가격대 음식은 찾아볼 수 없어 어쩔 수 없는 관광지 바가지와 이에 호응하는 기사의 적절한 조합이 만들어 낸 불편한 또 하나의 관광쇼였다. 그런 관광쇼만 아니라면 가이드를 따라 음식점 주변의 트래킹 코스를 돌아보며 아직 사라지지 않은 섬의 매력에 빠져 스마트폰 카메라를 열정적으로 눌러 대는 것도 어색하지 않았다.

음식 준비가 다 되었을 즈음 식당으로 들어가 정해진 자리에 앉은 다음 우리가 주문한 우럭매운탕을 앞에 놓고 거뜬히 소주 2병을 비워 냈다. 우리 앞자리에는 천안에서 왔다는 부부가 회덮밥으로 고상하게 식사를 하고 있었어도, 우리의 먹고 마시는 즐거움은 굳어 있던 표정을 풀고, 막혀 있던 말문을 여는 역할을 충실히 해 주었다. 형의 귀여운 앙탈을 달래 가며 2병의 소주를 나눠 마신 다음이라 섬 안쪽까지 들어가 경치를 구경하면서도 또 다른 먹고 마시는 자리를 찾는데 온 신경을 집중했다.

그런 노력으로 긴 다리를 건너간 끝에 간이 의자를 놓고 안주와 술을 파는 데를 찾아내서는 멍게 한 접시와 소주 한 병을 시켜놓고, 바닷가로 이제 막 달려온 바람소리를 음악 삼아 한나절의 여유를 아주 마음껏 즐겼다.

우리의 여유로움은 곧이어 가이드를 졸졸 따르는 다른 일행들이 지나가는 모습에 산산이 깨져 버렸다. 서둘러 자리를 파하고 뒤따라간 곳에서는 또다시 은밀한 관광쇼가 펼쳐지려는 중이었고, 지역 특산물 판매점은 누구라도 차별 없이 환영한다는 묘한 표정을 흘리는 듯했다. 나는 라면을 끓일 때 넣어 먹으려고 만 원을 주고 말린 홍합 한 봉지를 사는 것으로 관광쇼에 참가하는데 그친 반면 형은 미역, 말린 바지락 등 건어물을 주워 담는데 거침이 없었다. 그 뒤에는 여유롭고 만족스런 가이드의 웃음이 함께 있었다.

선유도에서 일정을 마친 다음에는 약 40~50분을 달려 군산으로 향했는데, 군산은 구옥 형태의 건물, 심지어 일제시대의 적산가옥 형태로 남아 있는 건물까지도 보존하여 그럴싸한 관광지로 만들어 놓고 있다. 동국사라는 사찰을 거치며 시간을 되돌리는 구경을 하다가 도로변 꽈배기집에서 2개에 1,000원짜리 설탕이 먹음직스럽게 올라앉은 꽈배기를 서둘러 샀다.

각자 2개씩 먹자는 내 주장에도 불구하고 형의 이해할 수 없는 고집으로 결국 1개씩만 사 들고 말았는데, 길을 건너면서 맛본 꽈배기의 부드럽고 달달한 맛은 1개로는 도저히 부족했지만 이미 저 멀리 지나와 버린 뒤라 형에 대한 원망만 계속할 수밖에 없다. 부족해야 맛있는 거라는 형의 변명은 그럴싸하지도 않은 궤변에 불과하다.

이제 한석규와 심은하가 주연을 한 8월의 크리스마스를 찍은 초원사진관 앞에 왔을 때 심은하가 사진관 유리창에 왜 돌을 던졌는지 의미를 조금은 알 것 같아서 웃음이 나왔다. 많은 것을 담은 여백의 장면이 인상 깊던 영화. 그 영화를 찍은 바로 그 자리에 와 있는 것이다. 이미 엄청난 구경꾼이 몰려 마구 사진을 찍어 대는 혼잡한 가운데에도 적절한 시간과 장소를 찾아 셀카봉을 갖다 대고 어색한 웃음과 몸짓으로 기록을 남기는데 우리도 주저하지 않았다.

가까운 곳에 유명한 이성당 빵집이 있다는데 가이드에게 그곳은 관광쇼 일정에 없었는지 경황없이 버스에 우리 일행을 몰아넣고는 경암동 철길마을 입구에 쏟아 내었다. 4시쯤 도착해서 우리에게 약 25분의 자유시간이 주어졌다. 예전에 사용하던 철길 옆으로 불량과자 가게, 교복과 교련복 대여 가게, 달고나, 뽑기, 장난감 가게와 같은 감성을 자극하는 눈요깃거리가 어우러져 북적인다.

짧게 주어진 25분의 대부분을 나는 형과 철길 옆의 카페에 앉아 4,000원짜리 생맥주를 한 잔씩 마시는 것으로 맞바꿨다. 하지만 맥주 한 잔을 다 마시기도 전에 가이드의 재촉 전화를 받고 버스가 기다리는 곳으로 서둘러 도착하니 우리를 제외하고는 다른 일행들은 모두 군산역에서 기차를 타고 돌아간단다. 결국 나와 형만 버스의 그 넓은 공간을 또다시 독차지하는 호사를 누리며 대전에 도착했다.

무섭게 달리는 버스는 6시가 되기도 전에 우리를 현충원역에서

토해 냈다. 마치 거북한 이물질을 뱉어내듯. 그러거나 말거나 우리
는 짧은 하루를 아주 길게 늘려 잡아 매 순간을 즐기며 좋아했다.

꽈배기의 아쉬움을 제외하고는 말이다.

위험한 새벽

달리기에 재미가 붙어 평일이면 새벽에 눈을 떠 시청 주위나 공원을 달리는 일이 이제 의무처럼 되었다.

새벽의 시원함도 좋지만 내가 뛰는 걸 누구에게도 의식하지 않게 하기에도 새벽은 아주 좋다. 무더운 여름이나 허연 입김이 담배연기처럼 나오는 한겨울의 새벽은 즐거움이 훨씬 덜한 것이 사실이지만 어느 때고 새벽의 독특한 재미는 중독성이 있다. 오죽하면 새벽에 잠시 깨었다 다시 잠드는 시간마저 행복할까?

새벽 공기를 가르며 뛰는 이유가 건강 때문이라는 이유는 이제 식상하다.

달리는 재미를 느끼는 게 좋다. 온전히 달리는 것에만 욕심을 내면 몸만 고통스럽고 그저 앞에만 집중하게 되지만 거기서 마음을 조금만 늦추면 어스름한 여명 속에서 드러나는 여러 현상이 관찰된다. 새벽이라서 남의 눈을 의식할 필요가 없다고 생각해서인지 잘 이해하기 어려운 모습에 놀라는 일이 있다.

그중의 하나가 도로를 거꾸로 달리는 자전거다.

내가 달리는 방향으로 오른쪽 도로를 자전거로 가는 것이라면 도로를 역주행하는 것이다. 그런 일이 실제로 일어난다. 그것도 1회성이 아니라 계속 그런 모습이 자주 나타나다가 한동안은 안 보여서 다행이라고 생각하고 있으면 어느 날에는 다시 내 오른쪽 도로로 자전거를 탄 사람이 지나가곤 한다. 꾸지 않았으면 하는 악몽이 잊혀지지 않을 만큼 반복적으로 꾸어지는 느낌 같다.

내 오른쪽 도로로 나와 같은 방향으로 달린다는 건 오른쪽 통행을 하는 자동차도로의 특성상 자전거가 차도를 거꾸로 달린다는 거다. 그런데도 라이트마저 없다. 쓸데없는 걱정거리를 주는 자전거는 도대체 무슨 배짱인지 알 수 없다. 내 오른쪽 도로를 나란히 달려 앞서가는 자전거를 어이없이 바라보다 시야에서 사라지면 그나마 그러려니 하겠는데, 잠시 후에 또다시 내 옆의 도로를 휙 지나간다. 이제야 새벽에 자전거를 타고 어디를 목적지로 삼고 달려가는 게 아니라는 사실을 알게 된다. 자전거를 타고 있는 사람은 운동을 하고 있는 거다. 이런 황당할 데가 어디 있는가?

아무리 가로등이 있어 어느 정도 형태가 구별 된다고는 하지만 도로를 거꾸로 달리는 자전거 운동이라니 그냥 허탈한 웃음이 난다. 그러다가 한동안 안 보여서 운동에 싫증이 났거나 위험하다는 걸 스스로 안 것이겠거니 했다. 그런데, 아니다.

계절이 바뀌는 때 어느 날 그 자전거가 또 보여서 사람을 환장하게 한다. 사고 안 나는 게 이상할 정도다. 어지간히 신경쓰게 하는 사람이다.

새벽의 미명은 사람들로 하여금 배짱을 지나치게 좋게 만드는지도 모르겠다. 자기 몸이 불타는 줄도 모르고 오로지 빛을 내는 화염으로 뛰어드는 나방처럼.

어떤 자전거는 신호등이 작동하는데도 빨간불에 한 치의 망설임 없이 속도를 줄이지도 않고 횡단보도를 지나가 버린다. 오히려 신호를 받은 자동차가 잔뜩 몸을 사리며 그 횡단보도 쪽으로 좌회전을 하여 지나간다. 자전거 주인의 겁이 없는 배짱은 슈퍼맨도 흉내내기 어려울 것이다.

일찍 일어나서 활동하는 나이 든 사람은 움직임이 느리게 마련인데 빨간불이 켜진 횡단보도를 천천히 건넌다. 대단하다. 혹시나 주위에 차가 오고 있는지 내가 대신 두리번 거리지 않을 수 없다.

오토바이 라이더의 목숨을 건 용기, 라이트도 켜지 않고 달리지 말라는 도로를 신나게 달리는 전동퀵보드 위의 젊은 패기, 폐지가 가득한 리어카의 역주행, 신호는 간단히 제끼고 보는 택시의 질주, 새벽의 고요를 그대로 놔두지 않겠다는 듯한 어설픈 외제차의 막가는 싸가지, 도로에 뛰어들어 무얼 먹겠다고 차가 오건 말건 무신경한 비둘기의 도도함. 난 이런 것들을 말리고 싶다.

하지만 왜 쓸데없는 간섭을 하느냐고 시비가 될까 걱정스러워 그러지도 못한다. 세상은 험하잖은가.

이런 조마조마한 것들은 모두 나의 달리기를 적극적으로 방해한다. 그래도 이른 아침부터 비둘기에게 먹이를 뿌려 주는 사람이라도 만나게 되면 반갑다. 함부로 비둘기에게 먹이를 주는 게 옳은 일인지는 모르겠으나 어떤 생명이라도 측은하게 여기는 마음이 보이는 것 같아 추운 날씨에 손안에 든 핫팩처럼 따뜻함이 전해진다. 하찮은 목숨이 어디 있겠으며, 고통 없는 생명이 어디 있을까 하는 마음이 요즘에 내 비어 있는 생각을 채운다.

가끔 집안에 들어오는 벌레조차 때려잡기가 어려워진다. 그래서 조심히 잡아서 베란다 밖으로 놓아준다. 나이를 먹으면 습자지에 비친 형상처럼 어렴풋하게 남을 향한 마음이 드러나는 게 섭리인 듯싶다. 새벽에 일어나는 차마 웃지 못할 현상만 바라보다 가끔 만나는 선한 행동은 더 이상 위험한 새벽만 탓하지 않게 한다.

생일

모두가 의미 없는 것이었음에도
오늘이 되어서야 비로소
그 의미를 찾았습니다.
컴컴한 밤이었을 수도 있고,
환한 낮일 수도 있었을 것입니다.
그 의미를 찾았던 때가.

커다란 고통으로,
한 생명이 태어날 운명의 그 날에
숨죽이는 기나긴 시간을
참 많이도 기다려 왔습니다.

축복

언제라도 크지 않은 미소를 보여 주십시오.
소리 없이 드러나지 않는 당신의 미소는 참 아름답습니다.
넘칠 듯 찰랑거리는 당신의 미소는 오늘에 이르러 더없이 화려합니다.
다.
케이크에 꽂힌 가는 촛불이 어둠 속에서 빛을 내듯.

어제와는 다르게,
또 내일과도 다르게,
아주 특별한 날을 축복하기 위해
긴장으로 신경을 벼리더라도
날카롭게 있지는 않겠습니다.

오늘 하얀 눈이 내린다면 좋을 것이지만,
그렇다고 비가 내린다 하더라도 달라질 건 없습니다.
그의 의미는
새벽을 깨는 첫닭의 울음소리마냥
또 다른 세상의 시작을 알리는 데 있습니다.

아침 햇살 속에서 지저귀는 새소리와도 같은,

조용한 가운데 해변으로 밀려드는 파도소리와도 같은,

한가한 숲속을 헤집고 들려오는 바람소리와도 같은,

그리 크지 않은 울음으로 새로운 역사의 시작을 알립니다.

하지만,

작은 울음은 바위에 부서지는 파도소리처럼,

천길 낭떠러지를 내려와 부딪치는 폭포의 굉음처럼,

모두에게 작지 않은 의미를 줍니다.

세월이 흘러도 바래지 않는 의미를 다시 새겨야 할 오늘.

함께 모여 촛불을 붙이지는 못하더라도,

이미 우리 모두의 마음 속에는

하나씩 불을 밝힌 촛불을 심어 놓습니다.

모두 하나로 향하는 촛불을.

원칙대로 살기

　나의 삶은 내가 정한 방식대로 살아지기를 바란다.

　누구든 자신이 원하는 방식으로 살아가기를 바라는 게 당연하겠지만 내가 생각하는 방식의 삶은 조금 다르다.

　물질적인 손해가 좀 나더라도 가치 있는 것에의 내 구별이 확실해지고, 그런 가치를 지키며 살려는 노력에, 자부심이라면 너무 거창할 테니 그럭저럭 만족스럽게 느끼고 싶다. 더 이상의 욕심도 없다.

　나이가 드는 것은 삶의 만족이 소박해진다는 이로움이 있다.

　내가 정하는 삶의 방식이 남에게 큰 폐가 되지 않기를 바라며 살고 싶지만 나도 모르게 누군가에게 폐를 끼친다면 언제든 그 방식을 바꿀 용기도 있다. 내가 정하는 삶의 방식이 하나의 원칙이 되었을 때, 그 원칙이 남에게 직접 폐를 끼치지 않을 정도라면 그대로 살고 싶다. 한편으론 그 원칙에 너무 집착하여 혹시나 근본주의와 같은 맹목적인 사람이 되지 않도록 항상 경계하며 조용히 살고자 한다.

바람 한 점에도 주위를 두리번거리며 혹시라도 나의 방식이 드러나지나 않을까 염려하는 삶도 기꺼워할 것이다. 나의 원칙에는 사람이나 사물의 본성조차 믿지 않으려는 마음이 있다. 그 본성에 쓸데없는 영향을 받아 내 본연의 빛을 잃지 않으려는 것이다.

원칙을 지키려 애쓰고 노력하는 것이 어쩌면 남들에게는 고집이나 집착으로 보일지도 모른다. 하지만 웬만하면 그런 외부의 시선이나 지적에 신경쓰고 싶지 않다. 내게 고집이나 집착을 말하는 사람은 그 역시 내 삶의 방식에 지나치게 집착하고 있다는 것에 불과하다.

내가 지켜내려 하는 가치가 누군가에게 직접 해를 끼치는 것이 아니면 애써 남을 의식하지 않으려 한다.

사는 게 참 어렵다는 생각을 항상 한다. 나이가 들수록 더 그런 생각이 드는 것은 나 혼자만의 생각은 아닐 것이다. 그래서 사는 걸 좀 더 의미 있게, 가능한 즐기는 삶이 될 수 있게 하기 위해 나만의 삶의 원칙을 만든다. 최소한 그 원칙대로 사는 길이라면 누굴 탓할 필요도 없고, 어떤 결과에도 연연하지 않을 수 있을 테니까.

한 사람의 인생을 막무가내로 살다가 끝내기는 싫고, 그렇다고 아무 생각 없이 살다 가는 것도 싫다는 마음에서 나온 현실적인 고민인 것이다. 세상을 향한 나의 변명. 그렇게 불러도 좋을 것이다.

운명에 연연하지 않기,

가족의 의무감에 빠져 살지 않기,

남에게 굳이 잘 보이려 애쓰지 않기,

적당한 욕심과 자존심은 내버리지 않기,

비굴한 상황은 얼른 벗어나기,

위로만 바라보지 않기,

사는 것에 감사하기,

현재를 즐기며 만족하기,

함부로 나서지 않기,

너무 착해지려 노력하지 않기,

멈추지 않으려 애쓰되 때때로 아무 것도 안하기,

화가 나면 굳이 참으려 하지 않지만 남에게는 오래 드러내지 않으려 노력하기,

죽는 것을 두려워하지 않기,

살아있는 것에 해를 끼치지 않기,

말하기 전에 주춤하기,

남을 함부로 동정하지 않지만 공감은 하기,

가끔은 잠시 멈춰 보기,

때론 내 고집대로 살기.

이런 것이 지금까지는 나를 버티게 해 주는 사는 원칙이다.

공자는 君子務本(군자무본) 本立而道生(본립이도생)이라 했다. 군자는 근본에 힘쓰고, 근본이 서면 거기서 도가 나온다고 하는 말이니 혹시 아는가? 원칙대로 사는 가운데 나에게도 도가 나올지.

지리산둘레길 완주하기

지리산둘레길은 현재는 총 21코스로 되어 있지만 2019년까지만 해도 모두 22코스였다.

구례 쪽의 목아재-당재 코스가 있었는데 코스가 너무 평범하다 하여 공식적으로 2019년 폐쇄되었다. 내가 지리산둘레길을 시작하게 된 건 2021년이다. 나만의 시간을 보내고 싶은 마음으로 혼자 무작정 배낭을 메고 떠나는 일을 몇 번인가 하다가 지리산둘레길이 어떤 계기가 되었는지 잘 생각나지 않지만 갑자기 눈에 들어왔다. 지리산둘레길 홈페이지도 있고 인터넷을 찾아보니 너도나도 둘레길을 다녀왔다는 글이 많아 내 마음이 조급해지기 시작했다.

먼저 무언가를 해 놓은 누군가의 업적이 있으면 그것에 관심을 두는 순간 얼른 따라 하고 싶은 충동을 재우친다. 나는 그렇다. 그래서 2021년 9월 3일 처음으로 지리산둘레길을 시작해서 2022년 10월 6일 최종적으로 종료하게 된다. 그 첫 코스로 선택한 것이 오미-방광 코스이고, 마지막 코스는 성심원-운리 코스다. 어떤 기준이 있어서 선택한 것이 아니라 기차를 타는 것이 접근성에 좋다는 생각으로 지도를 보고 대전에서 구례 쪽으로 처음 눈을 돌리게 되었을 뿐이다. 구례구역에서 내려 가장 쉽게 접근할 수 있겠다고 판단하여 선택한 곳이 바로 오미-방광 코스다. 나름 괜찮은 선택이었던 것 같다.

만약 처음부터 해발 700미터 이상의 산행이 포함된 대축-원부춘-가탄-송정 코스를 선택했더라면 지레 질려서 21코스를 모두 완주하기는 어려웠을 것이다. 가장 난이도가 높은 코스를 요행스럽게 잘 피해 다니다가 마지막에 남겨 놓는 우연 때문에 지리산둘레길 완주가 가능했을 것이다.

또한, 산을 다녀 본 경험이 많은 황실아파트 사는 형이 지리산둘레길을 완주하는데 제일 큰 도움을 주었다.

오랜 인연을 맺어 온 형은 이미 지리산둘레길 완주를 오래 전에 끝내고 백두대간 종주까지 했을 정도로 산 경력이 많아서 이런저런 조언뿐 아니라 총 21코스 중 6개 코스를 동행해 주는 수고로 큰 도움을 줬다.

지리산둘레길 코스의 특징은 아무래도 코스 중에 반드시 높든 낮든 산을 한 번씩 타게 만들어 놨다는 점이다. 그게 어쩌면 지리산둘레길의 매력인 듯싶다. 지리산둘레길을 시작하면서 첫 코스부터 마지막 코스까지 차를 운전하지 않고 철저히 대중교통만 이용하고, 그러는 데 드는 비용과 시간대별 진행 상황을 메모하자는 원칙을 세웠고, 그런 원칙을 완주하는 때까지 게을리하지 않았다.

또한, 막바지 3코스는 큰 도움을 준 형과 멀구슬 민박집에서 1박을 하며 진행한 걸 제외하고 모두 당일 코스로 진행했는데, 민박비용까지 포함해서 21코스 동안 지출한 총 경비는 모두 1,931,110원이다. 이 비용은 편의점 커피 하나 사 먹는 비용까지 포함한 것이니 꽤 정확한 액수다.

처음 시작할 때까지만 해도 전체 코스를 쉽게 생각했는데, 막상해 보니 21코스를 완주한다는 게 마음먹은 만큼 쉽지 않다는 걸알게 됐다. 게다가 황실아파트 사는 형과 6개 코스, 대학 동창과 함께 한 1개 코스를 제외하고 14개 코스는 온전히 혼자서 완주하다보니 어느 때는 해찰이 나기도 했던 게 사실이다. 그만큼 쉽지 않은 길이다. 하지만 전 코스를 완주한 지금은 조금 더 편안한 마음으로 언제든 가고 싶은 코스를 선택해서 한 번씩 되짚어 보는 트레킹을 할 생각이다.

지리산둘레길을 완주하는 동안 조용히 생각할 수 있는 시간을 충분히 누리고, 때로는 아무런 생각을 하지 않는 빈 공간을 두는 여유로움을 즐겼다. 혼자서 긴 거리를 걸으며 얻을 수 있는 것이라고는 몸으로 느끼는 생생한 경험을 정리해서 머리로 기억할 수 있게 열심히 사진을 찍으며, 경로를 기록하는 일이다. 그런 과정에서 얻게 된 경험도 상당하다.

산에서는 올라가기보다 내려오기가 더 힘들다. 겨울이 아닌 계절에는 뱀에게 물리지 않으려면 발목까지 오는 등산화를 신는 게 바람직한데 우리나라 뱀은 발목의 복숭아뼈 이상으로는 물지 못하기 때문이란다. 산행 중에는 종종 뱀을 보게 된다. 한라산 백록담이나 지리산 천왕봉 높이만 생각하고 둘레길 낮은 높이의 산을 얕잡아 봐서는 안 된다. 잘못하면 산을 두 번씩 타야 하는 곳도 있다. 둘레길 팻말은 필요할 때는 꼭 안 보인다. 둘레길 팻말이 안 보이는 때는 산악회에서 매단 리본이 큰 도움이 된다. 그래도 한 번쯤은 길을 헤매는 수고를 감수해야 한다. 스마트폰 앱을 이용해서 수시로 잘 가고 있는지 확인하는 걸 게을리하지 말아야 한다(내려왔다 다른 길로 다시 오르는 일은 생각보다 괴롭다).

이런 경험은 앞으로 어떤 산을 가든 본능처럼 나를 지켜 줄 것이다.

혼자서 지리산둘레길 코스를 가다 보면 가장 반가운 게 뭐니뭐니 해도 먹을 수 있는 곳을 찾는 것이다. 코스 중간에 파전과 막걸리라도 먹을 수 있는 곳을 만나면 힘들고 땀나는 모든 것이 즐거움으로 변한다. 근심과 상심의 고통스런 삶이 복권에 당첨되어 그 삶의 선택이 급격하게 높아지는 꿈을 이룬 것 같은 느낌이랄까?

초창기에야 흔하게 있었을 테지만 이제는 너무 흔하게 돼 버린 지리산둘레길이어서 그런지 먹을 데가 흔적만 남은 곳이 상당히 많다. 게다가 휴일이 아닌 금요일에 코스를 진행하다 보니 더욱 그런 곳을 찾기가 어려웠는지도 모른다.

주천-운봉 코스에서는 먹고 마시는 즐거움이 또렷한 곳이었다. 주천쪽에서 시작해서 가파른 해발 500m 정도의 산을 힘들게 오른 후에 내려오니 운봉마을까지 9km 정도를 남겨 둔 곳에서 공중화장실 바로 앞 밭에 시커먼 차양막을 덮은 비닐하우스가 있고, 거기에 막걸리, 소주, 파전, 도토리묵이라는 글씨를 말 그대로 막 써놓은 메뉴판이 보였다. 식당은 사람이 오라고 한 곳이니 성큼 시커먼 비닐하우스로 들어서자 마침 압력솥에서 모락모락 김이 빠지면서 밥이 돼가고 있었다.

사람이 왔다는 내색을 목소리로 연신 불러 댔으나 아무도 나서지 않는다. 안 본 것도 아니고, 압력솥에서 밥도 익어 가는 걸 봐서는 문을 닫은 것도 아니니 불러서 주인이 안 나온다고 이대로 발길을 돌릴 수는 없었다. 반드시 파전과 막걸리를 먹어야겠다는 마음으로 밖으로 나오니 동네 청년인 듯한 사람이 지나가다 나를 보고 비닐하우스 주인에게 전화를 하더니 독감예방주사를 맞으러 보건소에 갔다며 조금만 기다리면 온다고 알려 준다. 언제가 될지 몰라도 물러날 수 없어 기다렸다.

오래지 않아 여주인이 비닐하우스에 도착해서 반가운 기색으로 주문을 받았다. 막걸리와 파전을 내오라고 주문을 마치고 밖의 탁자에 앉아 있으려니 그때서야 200년 된 느티나무 아래에 내가 있다는 걸 알게 됐다. 느티나무는 그 경력이 말해 주듯 여지없이 가을 낙엽을 땅으로 축복처럼 뿌려 주고, 쟁반에 실려 나온 막걸리와 파전 위에도 낙엽이 나긋하게 내려앉는다.

그 가을의 분위기를 혼자 마음껏 즐겼다.

이런 즐거움은 그 이후로도 내내 없었을 만큼 강했다. 둘레길 코스마다 모두 나름대로의 색깔이 있지만 언제 한번 그 막걸리와 파전을 먹으러 가을에 다시 그 코스를 시도해 볼 생각이다. 시커먼 비닐하우스 식당이 없어지지만 않는다면 말이다.

그리고, 지리산둘레길을 여름에 진행할 때는 반드시 모기기피제를 챙겨 두어야 한다. 산모기의 집요함이 의외로 질기다. 귀 언저리에서 계속 윙윙거리면서 신경을 거슬리게 하는데, 그게 의외로 사람을 미치게 한다. 그런 지겨운 기억 때문에 배낭에 항상 모기기피제를 가지고 다니는 걸 원칙으로 삼았다.

지리산둘레길 코스를 하다 보면 아무리 팻말이 잘 되어 있고, 산악회의 리본이 있더라도 어느 순간에 그걸 놓쳐서 엉뚱한 길로 들어서는 일이 반드시 생긴다. 가능하면 스마트폰 지도앱의 도움을 받아야 하지만 당연한 길이라고 생각하고 지나 온 길이 나중에 확인해 보면 전혀 다른 길 위에 서 있는 경우가 있는데, 이럴 때는 미련 없이 오던 길을 되짚어 돌아가야지 샛길을 찾으려 해서는 안 된다. 산에 다니는 사람은 이런 걸 알바했다고 한단다. 산에서의 알바는 사람의 맥을 많이 빠지게 한다.

또 하나 김을 빼는 것이 있다면 산에 올라서 멀리 내려다보는 경치를 휴대폰의 카메라가 온전히 담을 수 없다는 거다. 그렇게 멋지고 웅장한 풍경이 내 휴대폰 카메라에만 들어오면 형편없이 밋밋한 그림이 돼 버리니 미칠 노릇이다. 아직은 휴대폰 카메라가 그렇게 멋진 풍경을 모두 담아내기에는 많이 부족하다.

매 코스를 끝내고 나면 돌아가는 차시간 사이로 남게 되는 여유를 국밥과 소주의 맛으로 채우는 것도 또 다른 재미다. 특히, 마지막에 1박까지 하면서 3코스를 마치고 났을 때 황실아파트 사는 형과 구례시장에서 먹던 수구레 국밥은 언제 또 한번 먹고 싶다.

사고 없이 무사히 마친 지리산둘레길 완주를 앞으로 상당 기간 자랑하고 다녀도 팔불출 소리는 듣지 않으려나 모르겠다.

남자로 살아가는 일

이 세상을 남자로 살아가는 일이 만만치 않다는 건 나이가 들수록 확실해진다.

불완전하고 불평등한 세상에서 살아가야 하는 여자의 삶은 남자가 생각지도 못할 정도로 훨씬 가혹한 것이라고 발끈하는 여자도 있겠지만 그러한 비난을 감수하더라도 정상적인 남자로서의 삶이 결코 쉽지 않다는 생각은 변함이 없다.

딸만 둘을 두고 있는 내가 아버지로서 이 사회가 아직도 남녀 사이에 적절한 평등구조를 이루지 못하고 있는 사실에는 공감하고, 언젠가는 지금의 불합리가 해소될 것이라는 기대 때문에 그나마 희망적이지만 남자가 세상을 올바로 사는 일에 있어서만큼은 어쩐지 점점 자신을 잃는다. 남자가 살아야 하는 세상이 앞으로 얼마나 무기력하게 남자에게 등을 돌려 버릴지 모를 일이다.

남자의 세계에서는 아주 어려서부터 스스로 의도하지 않더라도 경쟁 속에 머물기를 당연하게 여기도록 교육되어 왔고, 주변의 그런 시선에 맞춰 남자는 몸부림으로 하루하루를 버티며 커 왔던 것이다. 대부분의 남자는 이러한 삶에 직면하며 성장을 해 왔고, 결국에는 사회가 만들어 놓은 거대한 틀 안에서 순종하도록 만들어진다. 이러한 틀 안에 적응하지 못하는 남자의 삶은 의외로 가혹한 현실이 기다린다.

애초부터 평등한 삶은 남자의 세계에서는 존재하지도 않았다.

항상 서열이 매겨지고 그 서열 속에서 허락된 조금의 평등에 만족하고 있는 모습이 전부일 뿐이다. 누군가의 무엇으로 살아야 하는 남자의 세계는 조금 외롭다. 유전학적으로 남자는 XY염색체를 가진 반면 여자는 XX염색체를 갖고 있는 것을 보더라도 남자는 태생적으로 외롭다. 어떤 때는 누군가에 등 떠밀려 살고 있는 느낌이 들기도 한다.

남자는 힘 조절을 못하면 바보가 된다.

넘치는 힘을 그대로 표현하면 곧바로 남자가 아닌 수컷으로 비하되기도 하며, 힘없는 모습이 조금이라도 보여지면 박력이 없다, 연약하다, 결단력이 없다와 같은 다양한 소리가 따라붙는다. 힘이 없다는 것은 때론 수컷이 되는 것보다 오히려 못한 취급을 받을 수 있다. 원하는 싸움도 아니고 싸울 의욕도 없는데, 총알이 날아오는 전쟁터를 억지로 끌려다니는 느낌이다.

요즘에는 남자의 길을 버리고도 당당히 그 정체성의 혼란을 호소하는 사람도 있지만 어찌됐든 대개의 남자는 그 길을 묵묵히 가려한다. 아니 용기가 없어 그 길을 고수하는 사람도 있을 것이다.

남자의 감정이나 행동이 단순하다고 단정하는 일이 보편화 되었지만 이는 겉으로만 보이는 세계를 너무 쉽게 보려는 경향에서 비롯된 것일 뿐이다. 사람이 살아가는데 선택의 문제는 누구나 겪는 갈등의 원인이지만 특히 남자가 선택하는 문제는 때론 비논리적인 결과로 나타날 수도 있는 것이다. 나름대로 환경적인 것과 인간적인 것, 결과에 따른 책임과 같은 꽤 복잡성을 띤 요소까지 생각해서 내린 결론이 이성(理性)이나 이성(異性)의 논리 앞에서 무시되는 일을 겪는 것도 남자의 세계다. 버둥거리며 갈 곳 없는 영혼을 불러다 앉히고 달짝지근한 소주 한 잔으로 어색해진 시간을 달래는 수밖에 없는 게 남자다.

하지만 이런 것도 정말 정상적인 남자로서 살아가기 위해 애쓰는 부류를 말하는 것이지 같은 남자로서도 치졸하고 옹졸한 행동이나 감정을 가진 이도 적잖이 많다는 점은 인정하지 않을 수 없다.

그런 남자들에 의해 한가지로 싸잡아서 매도되면 억울하다. 더군다나 이성(異性)의 존재는 정상적이지 않은 남자의 면을 시기 적절하게 너무 잘 활용해서 공격의 수단으로 삼는다. 여기에 이르면 대부분의 남자는 할 말을 잃을 수밖에 없다. 그렇다고 나는 안 그렇다는 항변을 해 봐야 결국에는 치졸하고 옹졸한 부류로 급락하는 꼴을 면하지 못할 테니 연좌의식의 끈에 매달린 것처럼 입을 다물어야 한다. 이런 때는 말을 아끼는 것이 상책이다.

어느 개그맨이 집안에서 분위기를 살펴서 자기가 있어야 할 자리를 잘 찾아야 한다는 말을 했는데, 이 말을 단순히 우스갯소리로 넘기기에는 슬프다. 밖에서는 사람들로부터 충분히 존경을 받을 만한데도 집안에 들어서는 순간 분위기를 살피고 그에 따라 튀지 않게 어디에 있어야 하는 것이 현명한 선택인지 결정해야 한다는 말은 요즘 남자가 처한 현실을 그대로 반영하는 적확한 비유다.

가부장적인 권위를 극단으로 내세우던 한참 전의 분위기를 향수하려는 의도를 전제로 하는 말은 아니지만 - 가부장적인 권위로 회귀할 수도 없지만 그래 봐야 남자로서도 결코 이로울 게 없는 조건이 된다 - 뭔가 남자로 살아가는 일에 나사 하나가 빠져 있는 것 같은 헐거워진 느낌이 없진 않다. 한쪽의 구두굽이 빠져 버려 절룩거려야 하는 것처럼 사는 재미가 듬성거린다.

"화성에서 온 남자, 금성에서 온 여자"라는 책을 쓴 존 그레이는, "여자는 차마 말 못하고 남자는 전혀 알지 못하는 것들"이라는 책에서 인디언부족이 결혼하는 딸에게 전해 주는 동굴 얘기를 비유하면서 남자가 자신만의 동굴 속에 들어가면 여자가 거기서 억지로 끌어내면 안 된다고 말한다. 성급하게 끌어내려다가 서로 상처를 입게 되는 것이니 현명하게 기다려 주라고 충고한다. 이러한 지적은 분명 일리가 있다. 태생적으로 여자가 이해하지 못하는 남자의 세계가 있다.

가끔씩 동굴 속으로 들어가야 하는 남자의 세계는 본래부터 한 번씩은 혼자 있는 외로움을 겪어야 하는 존재인지도 모른다. 하지만 동굴 속에 들어앉은 곰도 언젠가는 밖으로 나오게 마련인 것처럼 외로움을 털어내고 나면 꾸역꾸역 이성(理性)이나 이성(異性)의 논리에 수긍할 줄도 안다는 것을 알아주었으면 한다.

혹시 아는가? 남자가 너무 영악하게 이성(理性)에 눈을 뜨게 되면 언젠가는 여자가 동굴 속에 들어앉는 날이 오게 될는지. 그래서 적절한 조화가 언제나 필요한 거다. 우리 인생은.

일본 야마구찌 여행

애초부터 여유 있는 여행은 글러 먹었다.

일본 야마구찌(시모노세키) 여행을 위해 일찌감치 퇴근해서 음식이나 간식거리를 미리 챙겨 두지 않고 사무실의 불순한 세력과 영합하여 술자리를 갖다 보니 히히덕거리는 사이에 달궈진 몸의 화기는 오늘의 호들갑을 예고하는 것이었다.

사무실에서의 일로 시간은 바삐 지나가고 있었지만 그래도 조급한 마음은 전혀 없었다. 그러던 것이 막상 집에 와서 보니 준비할 일이 한두 가지가 아니었다. 서둘러 주먹밥을 만들고, 삶은 계란을 챙기면서 눈은 자꾸 손목 위의 시곗바늘에 맞춰지니 그동안 얌전하던 시곗바늘의 움직임도 도망치듯 바빠진다. 옷을 입으며 배낭에 물건을 쓸어 담고 있었지만 이미 속도가 붙은 시간은 한 치의 미련도 남기지 않고 성큼성큼 앞서 간다.

이제 정말 시간이 없다고 느끼는 순간이 오자 옷소매에 한쪽 팔만 끼우고 그 팔에 배낭의 한쪽 팔걸이를 끼운 채 거실 중문을 열어 제끼며 등산화에 발을 집어넣지만 왜 그리 제대로 들어맞지 않는지 내가 미쳐 간다는 생각이 들 정도였다. 달렸다. 출렁거리는 배낭을 등에 메고 가능한 빠른 걸음을 유지하기 위해 앞서가는 조급한 마음을 내 몸이 허겁지겁 따라가고 있는 사이 지하철 역에 도착했지만 없어진 여유가 다시 생길 것 같지 않아 공연히 신발로 바닥을 두드리며 애타는 심정을 누르고 있어야 했다.

다행히 금방 지하철이 도착해서 올라타니 그 짧은 사이에 일어난 몸의 움직임은 체온을 빠르게 올려놓고, 그 열을 식히려고 내 몸은 허락도 없이 땀을 줄줄 흘리기 시작한다. 두꺼운 겉옷과 평일임에도 지나치게 많은 승객들의 체온 덕분에 지하철 안은 이미 한여름 날씨 같다. 모두 땀을 흘리고 있는 나만 쳐다보는 것 같은 민망함도 내 열기에 야속한 보탬을 준다.

그러는 와중에도 시계를 연신 들여다 볼 수밖에 없었고, 애타게 대전역에 도착하고 보니 약 13분 정도 시간이 남아 있는 것을 확인하고 나서야 조금 느긋한 마음으로 찌를 듯한 긴장감 뒤에 오는 짜릿한 기분을 즐겼다.

어쨌든 예약된 기차에 올라타고 보니 이제야 여행의 실감이 스멀스멀 일어나기 시작한다. 열차가 부드럽게 몸을 떨며 공기를 무섭게 가르는 사이 나는 배낭에 든 삶은 계란의 껍질을 까내며 순서대로 소주를 찔끔 마시고 계란을 소금에 찍어 안주 삼아 먹었다. 순식간에 2개의 계란이 희생되고 나서야 배가 든든해지고, 긴장했던 온몸의 근육이 흐물거리는 걸 느낀다.

오후 4시 16분에 기차가 부산역에 도착하고 나서 5시까지 여객 터미널에서 여행사 직원을 만나기로 했으니 시간이 좀 남아서 부산역 광장으로 나가 보았다. 부산역 광장은 오랫동안 공사를 하더니 이제는 보기 좋게 변해 있다. 사진 몇 장을 찍고 바로 부산역을 통해 여객터미널로 향했다.

한창 대마도 여행을 다닐 때 티켓을 구입하면서 연락처를 남겨 놓아서인지 얼마 전에 여행상품 메시지가 핸드폰을 울려 댔다. 무심하게 메시지를 확인했는데, 야마구찌 여행상품이라면서 2박 3일 일정으로 가이드가 없는 자유여행 형태의 상품이 79,000원이라고 해서 눈이 번쩍 뜨였다. 꼼꼼히 상품을 살펴보니 2박 3일 여행상품 이라고는 하지만 일체의 식사 제공 없이 부산항에서 저녁에 출발하면 배에서 잠을 자는 동안 줄곧 바닷길을 내달려 다음 날 아침 8시쯤 시모노세끼항에 도착하고, 여행사에서 준비한 버스로 예정된 관광지를 데려다 주면 각자 자유여행 형식으로 주변을 즐기다가 저녁 6시쯤 다시 시노모세끼항에서 배를 타고 부산항으로 돌아오는 것이란다. 그게 마음에 들어 곧바로 여행비용을 송금해 주고 나서 주변에 내 여행 소식을 슬슬 알렸다.

요즘 일본과의 관계가 틀어지면서 일본으로의 여행에 부담을 느끼는 것도 사실이고, 그렇게 자주 머리를 식힌다는 명목으로 다니던 대마도 뱃길도 눈치가 보여서 선뜻 배낭을 짊어지기를 꺼려하고 있던 참이었다. 비싸지 않은 비용으로 혼자나 가까운 사람과 다녀

오던 대마도 여행은 나에게 복잡한 머릿속을 비워 내 주곤 했는데, 요즘 일에 대한 의욕이 시들해지고, 귀찮아질 무렵에 이런 여행상품이 메시지로 날아 들었던 거다.

5시에 여행담당자에게 여권을 주고 티켓팅과 출국수속을 마치고 나서 성희호라는 대형 여객선에 승선했다.

몸집이 거대한 여객선 안으로 들어서니 예전에 대마도까지 타고 다니던 쾌속선과는 너무 다르다. 승선표에 적힌 112호실로 들어가니 10명 정도 정원의 객실이었고, 이미 몇 사람의 짐이 자리를 잡고 있어 나도 비어 있는 자리 중 가장 마음에 드는 자리에 배낭을 내려놓은 다음 배 안을 이곳저곳 돌아다니며 시설을 살펴보았다. 사진도 찍어가며 시간을 보내는 동안 배정받은 객실 바로 옆에 남자 목욕탕이 있는 것까지 알게 됐고, 1층 홀에서는 편의점과 면세점도 찾아냈다. 가격도 그냥 일반 편의점과 동일해서 공연히 배낭을 무겁게 하는 음식이 멋쩍게 되었다.

2층에는 식당이 있는데 김치찌개 백반이 9,000원, 나머지 식사류도 그 정도 가격이니 크게 비싼 것도 아니라는 생각이다. 배 안을 한 번 훑고 나서 내 몸을 적셨던 땀을 씻어낼 요량으로 세면도구를 챙겨 들고 목욕탕에 갔는데, 혼자하는 여행이다 보니 핸드폰, 시계, 돈, 여권과 같은 물품을 안전하게 보관해 둘 곳이 없는 게 아쉬웠다. 그냥 시건장치가 없는 사물함만 있어서 목욕을 하는 동안 누가 내 사물함을 뒤질까 하는 노파심에 마음을 졸이며 샤워기를 든 손 너머로 밖의 동정을 살피느라 정작 욕탕으로는 들어가지도 못하고 샤워만 성급하게 끝낸 후 나와 버렸다.

귀중품을 카운터에 맡겨두고 다시 목욕에 도전해 보기로 하고 샤워라도 한 상쾌한 기분으로 다시 선실 밖으로 나와 바깥 바람을 쐬고 나니 맥주 생각이 난다. 그래서 편의점에서 맥주 한 캔과 간단한 과자류를 사서 홀에 마련된 탁자에 앉아 음악을 들으며 마시니 이보다 좋은 여유가 없다. 배 안의 편의점은 신용카드 계산은 안되고 무조건 현금으로 계산해야 한다는 점만 빼고는 다를 게 하나도 없다.

9시에 배가 출발할 예정이고 14노트의 속력으로 바닷길을 헤쳐 간다는 안내방송이 나오면서 배의 진동이 느껴지기 시작한다. 이 큰 배가 바닷길을 가는 방법은 그 안의 승객에게 묘한 흔들림의 여운을 지속적으로 남기는 것이다. 멀미에 민감한 사람에게는 쉽지 않은 여행이 될지도 모른다는 생각이 든다.

객실로 돌아온 나는 삶아온 계란을 까먹으며 생수 같은 소주를 홀짝거리다가 다른 사람들이 하나둘씩 들어오는 것을 보고 배 밖으로 나와 사진을 찍으며 혼자의 시간을 즐겼다. 허연 물결은 자기 속살을 비추기가 부끄러운지 금세 검고 깊은 본래의 색으로 돌아가기를 반복하지만 세상에 드러내는 맛을 아는 까닭으로 내 눈 앞에서는 나를 유혹하는 것만 같다.

울릉도에 갔던 적이 있다. 거기서 비취색의 맑음에 깊이 취하게 되었다. 취한 정신은 나를 그 속으로 들어오라 손짓을 한다는 착각까지 일으키고, 내 몸이 그 비취색 안으로 뛰어드는 무모함마저 겁

내지 않게 만들던 기억이 떠오른다. 오늘 밤바다가 일으키는 허연 물결도 그때와 마찬가지로 나를 부르고 있는 듯하다.

그런 아름다움은 핸드폰의 사진과 동영상으로 가둬 두고 다시 배 안으로 돌아와 홀 탁자에 앉아 있자니 옆에서 홀짝거리는 컵라면의 면발 소리가 마음을 지독히도 자극한다. 이제 밤 11시가 되니 뭐 딱히 할 만한 것도 없어 객실로 돌아와 일단 자리를 펴고 앉았다가 억지로 잠을 자려 노력하지만 쉽지 않다. 시간은 더디게 흐르는데 이미 불 꺼진 객실 안 옆자리에서 초저녁부터 자리를 펴고 드러누 워 잠에 빠져든 낯선 사람의 모습이 차라리 부럽다. 어쩜 저렇게 잘 자고 있는지 신기하다.

얕게 든 잠은 더 깊이 이어지지 못한 채 나를 자꾸 깨우고, 손목 시계는 아예 드러내 놓고 게으름을 피운다. 약하게 흔들리는 배의 진동이 머리를 맑지 못하게 하는지, 아니면 몇 모금 마신 술의 기 운 탓인지 알 수 없어 계속 선잠을 헤매며 시간 확인하기를 반복하 기만 한다. 한참 동안 잠을 잤다고 생각하고 번쩍 눈을 떠 보지만 여전히 새벽 3시가 조금 넘었을 뿐이어서 아직 대놓고 움직일 수도 없으니 다시 억지로 눈을 감고 잠을 자려 하지만 한 시간도 지나지 않아 눈이 떠지는 야속한 현실만 있을 뿐이다.

새벽 5시를 넘자 다른 사람들의 움직임이 감지되고 있어 부스럭 거리는 소리를 좀 내더라도 큰 문제는 없을 거라는 생각에 주섬주 섬 객실 밖으로 나와 보니 아직은 조용하지만 그래도 몇 사람은 돌아다니고 있다. 커피 한 잔을 타서 선실 밖으로 나가 바람을 쐬었다. 배 언저리에서 여전히 허연 물살이 일어났다 사라지기를 반복하는 모습과 차가운 새벽 바람이 내 답답함을 허공으로 날려 준다.

배 안으로 들어와서 아직도 남아 있는 삶은 계란을 만지작거리며 일본으로 입국할 때 아프리카 돼지열병 문제로 계란 같은 육제품 반입이 금지되니 배가 도착해서 입국심사를 받을 때까지는 모두 소비해야 한다는 여행사 직원의 말을 되새긴다. 그래서 계란부터 먹어 치우기로 하고 컵라면을 꺼내 홀에 앉아 열심히 컵라면과 함께 삶은 계란을 까먹었지만 남은 4개 중 1개는 도저히 먹기 어려워 남겨둘 수밖에 없었다.

시간은 6시를 넘기고 있어 7시 45분쯤에는 배에서 내린다니 목욕탕에 들어가 몸을 씻고 싶은 생각이 간절해져 소지품을 도난 당할 염려 때문에 허둥지둥 하지 않도록 안내소에 여권과 핸드폰을 맡아 달라고 부탁한 후 홀가분하게 욕탕 안에까지 들어가 뜨끈한 물에 몸을 담그고 있으니 세상에 무엇과도 바꿀 게 없다. 목욕을 마치고 나자 거울 앞에는 어느새 멀쩡한 놈이 떡하니 나타난다.

개운한 기분으로 배 안을 돌아다니다 보니 홀에서 다른 사람들이 도시락을 먹고 있어 나도 배낭에서 주먹밥을 꺼내 먹었다. 그러니 아까 먹은 컵라면, 삶은 계란과 함께 주먹밥, 커피까지 합쳐져 숨이 가빠올 만큼 배가 가득 차 오른다. 소지품을 모두 배낭 안에 챙겨 넣고 밖으로 나오니 배는 이미 시모노세끼항에 도착해 있다. 언제 도착한 건지 모르지만 얕은 바람이 살갗을 훑고 지나는 느낌이 좋다.

7시 45분에 하선하려는 승객들이 홀 안을 가득 메우며 웅성거리는 소리가 커지는 걸 듣고 마지막 남은 삶은 계란을 마저 까먹었다. 하선을 알리는 안내방송이 나오자 승객들은 모두 줄을 서기 시작했는데 부산에서 가져오는 보따리 장수의 엄청난 물품의 양이 놀랍다. 입국장에는 청양고추, 부침가루, 라면, 김과 같은 상자가 이곳 저곳 쌓여 있다. 무사히 입국심사를 마치고 나서 여행사 직원이 기다리는 대합실에서 다른 일행과 뒤섞여 한동안 머물렀다.

처음 오는 곳이라 여행사 직원이 하는 행동과 안내하는 여행지로 가는 방향에 집중해서 나중에 혼자 여행을 오게 될 때의 정보로 삼아야 한다는 생각으로 하나하나 꼼꼼히 눈으로 익혔다. 다른 여행팀의 일원인 듯한 외국여자가 큰소리로 호들갑스레 떠들어 대는 바람에 정신이 혼란스럽다. 혼자 신난 하이톤의 영어발음은 마치 대학입학시험의 듣기평가 자리에 있는 듯 웅웅거린다.

여행사에서 준비한 관광버스에 올라서 뒤쪽 자리를 차지하고 나니 인솔자가 1시간 20분 정도 버스로 가면 츠노시마 대교에 도착한다고 알려 준다. 처음엔 맑은 상태를 유지하다 얼마 지나지 않아 이내 정신을 차리지 못하고 졸음에 잠겨 있는 사이에 인솔자의 소리를 듣고 정신을 차렸다. 잠시 후 조그만 주차장에 버스가 서고 10분 안에 사진만 찍고 버스로 다시 오라는 말이 채 끝나기도 전에 밖으로 나와 기묘하게 굴곡진 츠노시마 대교를 배경으로 사진을 찍었다. 자동차광고 촬영지로 유명하다는 말을 들으니 절로 고개가 끄덕여진다.

10분의 시간은 의외로 길어서 거기 조그만 기념품 상점에 들어가 회간장을 300엔에 구입하는 여유도 있었다.

다음으로 찾은 곳은 모토노스미이나리 신사인데, 50분 정도 버스를 타야 한다기에 배낭에서 맥주 한 캔을 꺼내 버스 안에서 밖의 풍경을 생각 없이 바라보며 맥주를 홀짝이는 사이 도착했다는 말이 전해진다. 신사 주변의 경치는 훌륭해서 잠시 멍하니 바다를 바라보는 동안 내다 버릴 수 있는 감정의 찌꺼기를 모두 꺼내 던져버린 것 같은 시원함이 있다.

이제 점심을 먹을 수 있는 항구도시 센자키의 대형휴게소인 센자키친으로 간다는데, 그곳으로 가는 과정은 워낙 곤하게 자느라 알수 없다. 대형휴게소라고 하지만 어느 기준으로 대형이라는 표현을하는 것인지 의문이다. 일행들은 각자 식당을 찾아 들어가는데 나는 비교적 시끄럽지 않은 곳을 찾다 보니 다른 곳보다는 좀 비싸보이는 식당을 찾았다.

역시 가격이 좀 비싸니 손님도 별로 없어 조용하다. 1,950엔짜리초밥과 생맥주 한 잔을 시키자 얼마 지나지 않아 10조각도 되지않은 초밥이 나왔는데, 양은 초라해 보여도 맛은 괜찮아서 조용한분위기에 생맥주와 천천히 먹기에 아주 훌륭한 선택이었다. 그곳종업원이 자꾸 말을 시키는데 잘 알아 들을 수가 없어 한국에서 왔다고 간신히 단어를 조합해서 말하고 나니 그나마 좀 조용해진다.

알고 있는 짧은 일본어 회화만으로 대충 음식을 시켜 먹는데 지장은 없지만 말이 통하지 않는 답답함 때문에 좀 더 일본어 공부를 해야 할 필요는 있다.

시간을 보니 여유를 부릴 수 없다 싶어 부리나케 초밥을 먹어 치우고 맛있다는 일본어를 무심히 던지고 계산을 하는데도 자꾸 알아들을 수 없는 말을 해서 답답했는데, 무사히 계산을 마치고 옷을 집는 순간부터 주인이고 종업원이고 연신 고맙다는 인사를 반복한다. 그게 언제 끝날지 몰라 오히려 서둘러 식당을 나오게 만든다.

막상 밖으로 나오자 다른 일행도 늦장을 부리고 있는 걸 알고 주변을 돌아다니다가 상점 하나를 발견하고 들어갔더니 가끔 마시는 마루사케가 예쁘게 자리를 잡고 있어 얼른 집어 올려 1,000엔을 내고 거스름 돈으로 30엔을 받았다. 사케를 배낭에 잘 넣고 든든한 기분으로 버스에 오르니 40분 정도 가면 아키요시다이라는 석회암 고원이 나온단다.

한데, 점심 때 마신 맥주 탓인지 출발부터 소변 신호가 와서 불편하게 참고 있다가 석회암 고원에 도착하자 구경이고 뭐고 우선 화장실부터 찾아 들어가 볼 일을 보고 나서야 다시 마음이 느긋해졌다. 석회암 고원이라고 해서 특별하게 구경거리가 있는 것이 아니라서 사진 몇 장 찍은 것이 고작인데, 어슬렁거리다 기념품 매장 출입구에 아마사케라고 써 놓은 걸 보고 별미의 전통술인 줄 알고 300엔을 주고 아마사케를 달라고 했다.

한자로 직접 담갔다는 내용까지 적혀 있어서 우리나라처럼 집에서 담그는 막걸리 같은 것일 수 있겠다는 생각을 했는데, 막상 받아든 종이컵에는 따뜻한 식혜 같은 허멀건 액체가 찰랑거린다. 맛을 보니 사케 본연의 알콜 맛이 아니라 달짝지근하고 생강을 첨가한 듯한 맛으로 우리나라 식혜를 따뜻하게 먹는 기분인데, 식혜보다 밥알이 훨씬 부드럽다. 궁금해서 인터넷 검색을 해 보니 아마사케는 술이 아니라 그냥 쌀음료란다. 좋다 말았다.

잠깐 휴식 후에 일본 3대 명탑 중의 하나라는 루리코지 5층탑을 향해 출발한 버스가 목적지에 도달했을 때는 하늘빛이 심상치 않게 흐려 있어 인솔자도 비가 올지 모른다며 우산을 준비하란다. 배낭에는 항상 갖고 다니는 접이우산이 있으니 비가 와도 걱정은 없다. 목조로 된 5층짜리 탑은 제법 웅장한 모습인데, 시키먼 색의 탑 가까이 다가가자 향불의 내음이 진동하여 역겨울 정도다.

이제 마지막 여행지라는 유다온천마을만 남겨놓은 채 20분 정도의 거리를 버스가 신나게 달렸다. 족욕을 할 수 있는 곳이라 하여 찾아간 곳은 불과 10명 정도나 자리를 잡을 수 있을 만큼 협소해서 아예 족욕하는 건 포기하고 주변을 돌아다니며 시간을 보냈다. 주변에 특별히 볼 만한 게 없어 그저 사람 구경이나 하면서 시간을 때우다 버스에 가장 먼저 올라타고 나니 하루의 일본 야마구찌 여행이 모두 끝난 실감이 났다.

너무 많은 곳을 서둘러 가려다 보니 하루 종일 버스만 타고 다닌 기분이다. 몇 군데 덜 둘러보더라도 좀 더 여유 있는 시간이 있었더라면 좋았을 거라는 생각을 해 보지만 한일관계가 좋지 않은 요즘이라 이런 여행상품이 가능했고 대중교통이 그리 원활하지 않은 지역 특성을 감안하면 이왕 오는 김에 가능한 많은 곳을 둘러볼 수 있게 하려 했다는 인솔자의 말도 이해가 된다.

시모노세끼항에서 인솔자의 마지막 수고로 다시 밤새 타고 갈 배의 티켓을 받으면 된다. 일본으로 갈 때와 똑같은 선박과 일정으로 돌아오는 것이기 때문에 그새 익숙해졌다고 거침없이 행동할 수 있었다. 남아 있는 주먹밥과 컵라면을 비워 내고, 캔맥주까지 마신 후 목욕탕에서 몸을 씻어 상쾌한 기분으로 커피 한 잔을 들고 배 밖으로 나와 바람을 쐬니 기분도 같이 날아다닐 것 같다. 비가 부슬부슬 내리는 밤바다를 아쉬워하며 배안으로 들어와 홀의 탁자에 앉아 잠시 멍하니 있어 본다.

깔끔하게 다녀온 여행이지만 목욕까지 하고 나니 나른한 피곤함이 몰려와 아무래도 일찍 잠이 들 것 같다. 그래서 편의점에서 작은 캔맥주 1개를 사서 마신 기운으로 푹 잠이 들었다가 새벽 5시쯤 깨어나 다시 목욕을 하고 개운한 마음으로 하선 준비를 마친 다음에는 긴 여유시간을 어떻게 보냈는지 모른다. 2019년 예수님의 탄생일에 방구석에서 뒹굴고 있는 것보단 그래도 이런 혼자만의 여행이 얼마나 좋은지 남들은 모른다.

낙엽 속에서

가을이 좋은 이유 중의 하나는 수북히 쌓인 낙엽을 밟으며 그 바스락거리는 소리를 들을 수 있다는 거다. 지나는 길가에 옹기종기 모여 있는 낙엽을 굳이 다가가서 밟아 보는 심보를 부려도 가을이니까 어렵지 않게 용서가 된다.

일부러 낙엽 진 거리를 걷기보다는 아무 생각 없이 길을 가다가 바람에 올라탄 낙엽이 눈에 띄면 그때서야 가을이구나 하고 느낄 때가 많다. 아니 이미 가을은 깊고 있었지만 마음이 그 감성을 따라 주지 않았다고 하는 게 맞다. 그러다 어느 순간에 마음이 따라가 주는 것이다.

나만 그런 것이 아니라서 가을철만 되면 그 많은 사람들이 꼬까옷을 차려입고 눈요기를 하러 단풍이 드는 산으로 그렇게 모여드는 것이다. 젊었을 때는 서투르게 삶을 생각하다가 어설픈 감정에 들뜨기도 했다. 그래서 지나는 가을에 어딘가에서 나만큼의 아쉬움을 갖고 있을 많은 이들과 진하게 만나려고도 했다. 울분을 토하듯 살아가는 얘기를 나누는 가운데 맑고 투명하나 깊고 걸쭉한 정을 쌓을 것이라고 믿고 있었다.

그런데, 거기서 세월이 흐르고 보니 낙엽지는 가을을 바라보는 마음이 달라진다. 누구를 만나야 가을이 완성되는 것은 아니라는 생각이 든다. 오히려 고독하고 싶다. 시끄러운 소음이 싫다.

2022년 가을에 산악회를 따라 내장산 산행을 간 적이 있었다.

금요일이었는데도 가을 단풍놀이를 하려는 사람과 등산하려는 사람으로 바글거리는 가운데 해발 624m의 서래봉을 올라 아래로 보이는 그 아름다운 풍경을 눈으로 담아내고, 불출봉까지 이동하였다가 그대로 내장사로 하산하는 길을 택했다. 불출봉에서 망해봉, 연지봉, 까치봉을 거쳐 내장사로 등반을 하려는 마음도 있었으나, 가을이 깊어 가는 이때 온전히 산에만 집중하기에는 아쉬운 게 있어서 충분히 여유를 갖고 싶었다. 불출봉에서 내장사 쪽으로 내려오니 너무 시간이 많이 남는 게 문제였지만.

어쨌든 내장사 쪽으로 거의 다 내려오다 보니 막걸리와 안주를 파는 식당이 보인다.

내려오는 내내 발이 미끄러울 정도로 등산로에 낙엽이 천지로 쌓여 있었고, 식당 근처에서는 낙엽이 바람을 타고 사방으로 흩날리고 있었다. 깊어진 가을이 갑자기 내 마음으로 훅하고 들어온다.

이 가을에 막걸리를 파는 그 식당을 그냥 지나칠 수 없다는 생각으로 어떤 안주로 할까 고민하다가 혼자서 해물파전을 먹기에는 양이 너무 많아 간단하게 오뎅국물 안주를 시키고 바깥으로 내놓은 탁자에 앉아 있자니 곧바로 막걸리와 오뎅국물 안주가 나온다. 마음 급하게 막걸리를 한 잔 따라 마시고 오뎅을 간장에 찍어 먹으니 저절로 가을 속으로 더 깊숙이 들어와 버린다.

아직도 하늘에서는 어디서 그 많은 낙엽이 오는지 연신 온갖 종류의 낙엽이 비처럼 내린다.

그 가을의 맛은 아무래도 이렇게 밖으로 나와 있어야 제대로 느낄 수 있다는 생각을 하고 있는데, 갑자기 공중에서 자그만 단풍잎 하나가 오뎅국물 안으로 쏙 들어와 앉는다. 그렇게 많은 낙엽이 비처럼 내리는 와중에도 오뎅국물이나 막걸리 잔에는 용케도 내려앉지 않았는데, 그 작은 단풍잎 하나만이 부끄럽게 오뎅국물 안으로 선선히 들어와 자리를 잡는다.

그 모습이 하도 이쁘고 갑작스러워 단풍잎을 그대로 버리기에는 어쩐지 매몰차게 느껴져 손으로 조심스럽게 건져 내어 화장지로 오뎅국물을 닦아 내고 안경집에 잘 넣어서 가져왔다. 애써 이것도 범상치 않은 인연이라고 생각하기로 했다.

집에 와서 며칠 후까지도 가져온 단풍잎을 어떻게 할까 생각하다가 코팅을 해서 보관하기로 하고 막내딸에게 단풍잎을 가져온 사정을 얘기하며 문구점에서 코팅을 했으면 한다고 부탁했다. 코팅을 위해 안경집에 잘 보관해 둔 단풍잎을 꺼내려다 깜짝 놀랐다. 그 사이에 안경집에서 수분을 몽땅 뺏긴 단풍잎은 주먹을 쥔 것처럼 잔뜩 오그라들어 있다. 마지막으로 보던 그 작고 이쁜 단풍잎이 이제 몸을 웅크리고 있으니 억지로 펼치려면 바스라질 것 같아 손도 못 대고 그냥 바라보다가 혹시나 하는 마음으로 종이컵에 물을 받아 그 조그만 몸을 담가 놓았다.

수분을 빼앗겨 움츠러들었으니 물 속에 넣어 두면 다시 원상태로 돌아올 것이라고 생각했다. 그 생각이 맞았다. 한나절이 지나서 보니 예전처럼 잎이 활짝 기지개를 켠 듯이 팽팽하게 살아나 있다. 그걸 다시 쪼그라들기 전에 코팅을 마쳤다. 코팅을 하면서 거기에 문구도 하나 적어 놨다. 오뎅국물에 빠진 가을이라고.

코팅된 그 작은 단풍잎을 보면 그때의 가을을 언제고 불러올 수 있게 된 것이다. 이제부터는 하루가 다르게 물러가는 가을을 그대로 두어야 한다. 제 할 일을 다 했다고 바닥을 뒹굴며 지나가는 낙엽을 쫓아갈 생각도 말아야 한다. 하얗게 변해 가야 할 운명을 조금씩 아주 조금씩 받아들이는 일에 우리가 함부로 관여할 명분도 없다. 계절은 그렇게 색바랜 어색함을 벗고 하얗게 얼어간다.

이런 계절에 때로는 잘 생긴 동생과 소주 한잔 마시고 싶은데 그도 내 마음 같으려나?

아름다움을 보는 눈

한 치 앞도 못 보는 우리 인생에서는 외부의 어느 것도 나를 이끌어 줄 끈이 되지 못한다.

오로지 자기 자신의 길을 자기만이 걸어가야 할 뿐 누가 대신 해줄 수도 없는 인생을 사는 것이다. 그래서 때론 삶이 고독하다고 말하는 것인지도 모르지만 그 고독마저 아름다운 것일 수 있다. 누군가 자기 옆에 있어야 안심이 되고 누군가와 감정을 나누어야 공허함이 없어진다고 말하는 것은 고독의 아름다움을 제대로 즐기지 못하는 데서 오는 선입관이다.

흔히 고독이 죽음과 맞물려 있는 것으로 생각하기 때문에 부정적인 단어로 받아들이려 하지만 삶을 진정 가치 있게 만드는 것은 바로 고독이 아닐까 싶다. 고독함을 추하다고만 하지 말고 아름다운 시선으로 바라본다면 그것만큼 삶을 철학적이고 풍부하게 하는 것도 없다.

사람은 다른 사람과 부대끼며 관계를 맺어야 하는 당연하고도 절박한 문제를 안고 있으나, 그렇다고 사람이 계속 다른 사람과의 관계 속에서만 살아야 한다면 그 또한 심각한 고통이 아닐 수 없을 것이다. 다른 사람과의 관계를 잘 유지하는 일은 사람으로 하여금 잔잔한 스트레스를 준다. 그래서 때때로 혼자만의 시간이 필요하고, 이럴 때 고독은 사람 냄새를 풍기며 사람을 사람답게 만든다. 인생을 아름답게 채울 여러 가지가 있다면 고독을 그것에서 빼놓지 않도록 조심할 일이다.

즐기는 고독은 더 이상 사람을 삶의 구석으로 내 모는 것이 아니라 오히려 도약을 위해 몸을 웅크리는 것처럼 삶의 아름다움을 더 크게 보여주려는 과정이라 말해도 좋다. 또한, 고독은 누굴 위해서 무얼 하지 않아도 되는 자유를 가지는 것이니 자연스레 게으름과 친하다.

게으름 역시 고독만큼이나 부정적으로 보는 눈이 많은 게 사실이지만 게으름은 사람을 유연하게 만드는 데 있어서는 더할 나위 없는 재료다. 하루하루 치열한 경쟁으로 살아야 하는 삶은 우리에게 잠시라도 긴장의 끈을 놓아서는 안 된다고 부추기고, 그걸 우리는 덥석 물어 어떻게든 조금의 틈도 보이지 않게 하려고 무던히 애를 쓰며 산다. 뒤에서 누가 쫓아오기라도 하는 듯 치열하게 사는 경쟁을 자랑하고 있는 건 아닐까?

때로는 삶을 아주 게으르게 바라 볼 필요도 있다.

조금 뒤로 물러나서 얼마나 빨리 달려가고 있는지 자신의 모습을 바라보는 눈이 필요하다. 너무 빠르면 게으름을 피우면 된다. 인생에서 잠시 게으름을 피워도 아무도 뭐라 하지 않는다. 오로지 자기 스스로 그걸 견뎌하지 못하고 있을 뿐이다.

　혹시나 모든 일에 쓸데없이 간섭하기 좋아하고, 그걸 자랑으로 삼는 누군가 있어 내 게으름을 탓하는 일이 있더라도 쉽게 흥분하지 않을 것이다. 그냥 그를 지긋하게 바라보며 그가 얼마나 빨리 달리고 있는지를 느끼고, 단순히 내 속도와 비교해 보는 것만으로도 만족한다. 그래서 게으름의 아름다움을 천천히 느끼고 즐길 것이다.

　하지만 고독과 게으름 자체가 생활의 목적이 되지는 않도록 경계할 필요는 있다.

　어디까지나 게으름은 삶을 아름답게 하는 대상으로 가끔씩 꺼내 소중하게 바라보며 즐겨야 하는 것이지 지난한 인생을 온통 고독과 게으름으로 채우려고 한다면 꽤나 듣기 싫은 잔소리를 들어야 한다.

　아름다운 것은 무작정 낭비하는 대상이 아니라 필요한 때 알맞은 만큼 절제하는 가운데 그 값어치가 드러나기 때문이다. 삶의 전반이 고독과 게으름으로만 채워진다면 그것 또한 사람을 힘들게 하는 고통이 될 뿐이다. 그래서 조금은 아쉽고 모자라고 희소성이 있는 대상에서 아름다움을 보아야 하는 것이다.

베르나르 베르베르가 쓴 "나무"라는 책에서 "인간의 정신을 고양시키기 위한 싸움에서는 천장을 높이는 것만이 능사가 아니다. 바닥이 무너져 내리지 않게 하는 것도 그에 못지 않게 중요하다"고 말했는데, 사람의 인생에서 고독과 게으름은 바닥이 무너져 내리지 않게 하는 버팀목 역할을 하는 게 아닐까 생각해 본다.

텔레비전 끄기

텔레비전을 껐다.

단순히 텔레비전을 보다가 싫증이 나서 잠시 꺼두는 것이 아니라 아예 식당이 폐업하려고 문을 닫는 것처럼 작정하고 안 볼 심산으로 꺼 버렸다. 텔레비전이라고 일일이 쓰는 것도 귀찮으니 그냥 편의상 "그"라고 지칭해 본다.

2022년 11월 10일쯤인가?

그를 켜 놓고 책을 읽는데, 그로부터 나오는 경망스러운 소리가 몹시 귀에 거슬려 집중이 안되는 걸 느끼는 순간 내가 지금 뭐하고 있나라는 생각이 들어 리모콘으로 전원스위치를 눌러 꺼 버렸다. 조금의 망설임도 없었다. 그 오랜 세월 동안 항상 내 옆에서 언제나 쫑알거리던 그의 소리는 이제 물속에 잠긴 것처럼 조용해졌다. 소리 없는 적막함이 더 어색해져 버린 내게 있어 과감하게 전원 버튼으로 화면과 소리를 지우는 일은 어쩌면 큰 사건이 될 수도 있었다.

학생 때 공부를 하거나 책을 읽을 때 옆에서 음악이라도 틀어 놓았던 것이 습관처럼 굳어지다 보니 나이가 들어서도 뭔가 다른 일을 하더라도 항상 그를 켜 놓고 있었고, 잠을 잘 때도 전등불은 끌망정 그는 그대로 켜 놓은 채 잠이 들어 버리기 일쑤였다. 그나마 취침예약으로 일정 시간 후에 자동으로 꺼지도록 설정해 놓지 않으면 새벽이나 아침에 눈을 떴을 때에도 여전히 그 혼자 빛을 내며 고독하게 떠들어 대는 꼴을 보아야 했다.

그러는 것이 내게는 변함없는 일상이고, 그의 화면 빛과 소리가 없는 세상은 쉽게 생각하기 어려웠던 게 그동안의 내 삶이었다.

그러나 이제 그런 삶의 방식을 바꿀 때가 되었는가 보다. 좀 더 조용한 세상, 좀 더 정적인 세상을 원하는 나이가 되어서인지 귓전을 끊임없이 울리는 그의 소리는 듣기 싫은 잔소리처럼 들리기 시작하고, 잠시라도 한가한 시간을 허락하지 않으려는 듯 눈앞을 아른거리는 화면의 불빛은 보기 싫은 참담한 모습처럼 보이기 시작한 것이다.

그래서 그의 전원을 끌 수 있었다.

그의 전원을 끄고 나니 그 전에는 보지 못했던 새로운 세상이, 그 전에는 듣지 못했던 새로운 세계가 드디어 본 모습을 드러내는 것 같은 느낌이 온다. 나도 그를 끌 수 있구나, 그게 어려운 일만은 아니었구나 하는 짜릿하고 뭔가 흥분된 느낌이다.

이렇게 그를 멀리하고 나서 가장 먼저 드는 생각은 의외로 내게 주어진 시간이 이렇게나 많았나 하는 놀라움이다. 그가 꺼진 내 삶은 한도 끝도 없이 심심하고 무기력 할 줄 알았는데, 그래서 쉽사리 전원스위치를 내리지 못했던 것인데, 막상 보이지 않는 화면과 들리지 않는 소리는 내게 큰 영향이 없다. 필요한 것에 집중하는 시간이 길어지게 된 것은 항상 그에게 내 혼의 절반을 빼앗겼던 걸 다시 찾은 결과이기도 하다.

그가 꺼지고 나서는 책을 읽는 데도 잘 집중할 수 있어 좋다. 그의 화면을 바라보는 눈길을 항상 관심이 그리운 뭉이라는 고양이에게 더 줄 수 있게 된 것도 반갑다. 집 안에서 내 귀는 이제 조용한 그리움을 찾아 듣게 되었으며, 무엇에 쫓기듯이 두리번거리지 않아도 된다. 내 눈과 귀가 편해지니 자연스레 정신도 느긋하다.

사실 그를 통해 보여지고 들려지는 것이라고 해 봐야 대부분 우리의 관심을 끌어 그 앞을 떠나지 못하게 하려는 의도가 숨겨져 있고, 때로는 공공연히 그 의도를 내 보이는 속성을 가지는 것이니 한시도 우리의 감정을 차분하게 놔두지 않는다. 하다 못해 우리의 인생에서 아무런 의미도 없는 연예인의 사생활이나 너무나 가벼운 표정마저 가감 없이 그러한 속성의 재료로 사용하니 그의 앞에 앉아 있는 우리를 바보로 만드는 바보상자가 아닐 수 없다.

카를 페르디난트 브라운의 이름에서 비롯된 브라운관으로 대표되던 그는 1936년에 세계 최초로 영국 BBC 방송국이 흑백 방송을 시작한 이래 사람들의 관심을 끊임없이 불러들이는 역할에 충실했기 때문에 아직도 그 위세가 당당하다. 동네에서 그를 들여놓고 사는 집을 부자라고 하던 시절 그 집은 저녁시간만 되면 동네 사람들이 모이는 장소가 되고, 모두 두 눈을 브라운관에 집중한 채 넋을 놓기가 일쑤였다. 그때부터였다. 그때부터 이미 사람의 정신을 어지럽히고, 혼을 빼내 갔으며, 도대체 사람들에게 마음의 여유를 주려고 하지 않았다.

어떻게든 사람들의 관심을 받아야 하는 그는 자기를 바라보는 사람들의 영혼을 꼼짝하지 못하게 묶어 놓아야 했던 것이다. 하지만 이제 난 그렇게 묶인 끈을 놓아 버리는 일이 그리 크게 어렵지 않다는 걸 알게 되었다. 뉴스 없는 세상도 괜찮고, 드라마 없는 세상도 나쁘지 않았으며, 교양프로그램 없는 세상이라고 해도 특별히 내 삶이 달라질 것 같지 않다. 의외로 그가 내게 미치는 영향이 크지 않은 것에 놀라워 했고, 갑작스레 단절되는 것으로부터 나오는 부작용마저 없다는 것이 의외였다.

내쪽으로 전해오는 충격보다는 오히려 저쪽인 그에게로 전해지는 충격이 더 컸을 것이다. 팽팽하게 서로 자기 쪽으로 줄을 당기고 있는 경기에서 갑자기 손을 놓아 버린 것과 같다. 손을 놓은 나는 아무런 충격 없이 멀쩡하게 상대를 바라보는 꼴이 되었다.

그렇게 공을 들여왔던 나라는 시청자가 예고도 없이 어느 날 갑자기 확 돌아서고 마는 배신의 몸짓을 보내는 것에 그는 치를 떨고 있을지 모른다. 더 안간힘을 써가며 나를 다시 자기 앞으로 데려다 놓기 위해 힘차게 몸부림을 치려 할 것이다. 하지만 어쩌겠는가? 그와 나는 이제 서로 다른 길을 묵묵히 가야하는 운명인 것을.

때론 동료들과 찾아간 어느 식당에서 밝게 빛을 내는 모습과 더욱 청정한 목소리의 그를 만나는 일이 흔하게 일어나겠지만 이미 내 마음의 문이 닫혀 있는 지금 그는 그저 한 개의 사각형에 갇혀 있는 빛과 소리에 불과할 뿐이다.

그의 삶은 이제 축소 되어야 하고, 우리에게 미치는 영향력도 거의 없어져야 한다. 그동안 그가 우리에게 해 온 패악질을 생각하면 그냥 두는 것만으로도 다행인 줄 알아야 한다.

그나저나 매달 내게서 꼬박꼬박 알아서 빼가는 시청료는 어찌해야 하는가?

주택청약

우리나라에서 집을 장만하는 일은 여전히 큰 사건 중의 하나다.

타고나기를 돈 많은 집안이거나 자수성가한 사람이라면 집 장만하는 일을 하찮게 볼 수도 있겠지만 우리나라에서 대부분의 사람에게 집은 단순한 재산적인 가치 이상의 역할을 한다.

한평생 아끼고 모아 집 한 채 장만하고 죽는 게 인생 아닌가 하는 자괴감마저 들게 한다. 그것도 온전히 내 것이 아니라 우스갯소리로 은행이 한 발을 얹어 놓은 것이기에 비참한 기분까지 더해진다. 하지만 이런 자괴감과 비참한 기분이 들더라도 망설일 여유가 없을 만큼 집 한 채 가져보는 일은 결코 만만한 게 아니다.

집이 곧 재산가치를 말하는 우리나라에서 집을 소유할 수 있는 가장 보편적이고 저렴한 방법이 건설회사에서 분양하는 아파트에 청약을 해서 당첨이 되는 것이다. 분양하는 아파트에 당첨되는 게 문제지 일단 당첨만 되었다 하면 로또 같은 이득이 당장 쏟아지니 누구라도 새로 짓는 아파트를 분양 받으려 애를 쓰는 것은 당연하다. 아파트 분양에 당첨되면 당장 돈이 없더라도 어떤 방법으로든 당첨권 자체가 돈으로 융통되는 현실 앞에서 좋은 지역의 아파트에 당첨되기를 바라며 앞다퉈 청약 신청을 하게 마련이고, 사람들의 그런 바램은 엄청난 경쟁률로 나타난다.

그 높은 경쟁률 속에서도 누군가는 아파트 분양에 당첨되고, 대부분의 당첨되지 못한 사람들은 그저 부러운 시선만 남길 뿐이다. 그런데도 아직까지는 아파트 분양의 청약 방법이 그나마 공정하다는 인식 때문인지 당첨되지 못한 사람들도 크게 불만은 없는 모양이다. 그러니까 아직도 아파트 분양에 있어 현재의 청약 제도가 유지되고 있으니 말이다.

어쨌거나 아파트 분양 시장에서 청약을 하기 위한 기본적인 조건은 뭐니뭐니 해도 청약통장에 가입하여 일정한 조건이 갖춰져야 한다. 주택청약은 여러 조건을 합산해서 점수가 높을수록 당첨의 기회가 높은데, 은행의 청약통장에 가입하여 일정한 조건을 갖추더라도 가입기간이 길면 길수록 가산점이 붙어 점수를 올릴 수 있게 된다.

나도 당연히 2009년 6월에 대학동창의 권유로 주택청약 통장에 가입했는데, 가입한 기간이 오래되다 보니 가산점이 좀 있는 편이라 좋은 위치에 아파트 분양 소식이 들리면 가끔씩 청약을 해 왔지만 도대체 내게 당첨이라는 일은 먼 나라, 딴 세상의 생소한 얘기처럼 여겨질 뿐이었다. 청약할 때부터 아예 기대조차 하지 않는 게 뱃속 편하다.

처음에는 청약을 하고 나서 당첨자 발표 때까지 당장 당첨되었다는 소식이 오면 어떻게 하지? 지금 사는 아파트는 어떻게 처리하지? 하는 기대감으로 온갖 상상을 해 가면서 잠시나마 행복한 기분을 갖곤 했지만 항상 그때 뿐이었다.

청약에 당첨이 됐다면 알아서 분양회사에서 내 휴대폰으로 메시지를 보내 줄 것을 뻔히 알면서도 굳이 당첨 되었는지 확인하느라 시간을 보내는 내 모습이 우습기도 했다. 더구나 지금이야 사정이 달라졌지만 이전 정부의 헛발질이 계속되는 동안 집값은 이를 비웃기라도 하듯 하늘 높은 줄 모르고 전국적으로 뛰어올랐기 때문에 아파트 분양만 있다 하면 살인적인 경쟁률에도 너도나도 청약을 하느라 바빴고, 나도 그 대열에 뛰어들지 않을 수 없는 분위기를 외면하지 못했다.

하지만 내 간절한 청약 신청에는 항상 아무런 대답이 없다. 이제 그러려니 한다. 그런데 얼마 전 대전시 서구 용문동에 재건축 아파트 분양 소식이 있어 휴대폰 앱을 통해 또다시 청약 신청을 했다. 그나마 분양을 한다는 것도 모르고 있다가 황실아파트 사는 형으로부터 청약해 보라는 연락을 받고 나서야 청약 내용조차 제대로 읽지 않은 채 집을 가진 사람이 당첨되면 기존 주택을 처분하겠다는 서약을 선택하지 않는 실수까지 하는 바람에 이래저래 당첨과는 멀어졌다고 여기고 있었다. 그래서 이번에는 아예 당첨자를 발표하는 것에 신경도 쓰지 않았는데, 핸드폰으로 용문동 아파트 청약에서 예비당첨자로 선정됐다는 문자메시지가 왔다.

물론 예비당첨자 순위가 1240번인 것을 확인하고는 그러면 그렇지 하는 마음으로 순번이 그렇게 뒤쪽에 있는 이상 내 순서까지 돌아올 가능성은 아예 없다 생각하고 주변에는 예비당첨 된 사실을 무료한 시간을 채우는 얘깃거리로 삼는 정도였다. 그러다가 분양사무실에서 예비당첨자에게 문자를 보내오기 시작하더니 필요한 서류를 제출하라는 안내 전화와 문자메시지가 도착하기 시작했다.

5.8대 1 정도의 청약 경쟁률이라는 아파트 분양에서 1240번 순위의 예비당첨자에게까지 돌아올 아파트가 남겠냐고 생각하면서도 현재 살고 있는 아파트에서 너무 오래 살았고 아파트 자체도 연식이 오래되어 언젠가는 인근의 좀 더 신식 아파트로 이사를 해 볼까 생각하던 참이었기에 필요하다는 서류를 챙겨 들고 분양사무실에 예비당첨자용 서류까지 접수했다.

그런데 요새 아파트 값이 바닥을 모르고 떨어지고 있는 추세라 상당수의 예비당첨자가 서류를 접수하지 않아 나한테까지도 동호수를 추첨할 기회가 생겼다. 말 그대로 1240번의 예비당첨자인 나도 아파트를 계약할 수 있게 되었고, 문제는 얼마나 좋은 자리를 배정받느냐만 남은 것이다. 그건 순전히 제비뽑기 운에 달렸다. 통 안에 손을 집어넣고 동호수가 쓰여진 종이쪽지를 선택해서 꺼내면 된다. 되도록 높은 층이면 좋고 거기다 위치까지 좋다면 계약을 할 심산이라 통 안에 손을 넣는 순간은 잠시 가슴이 떨렸다.

주저 없이 종이쪽지를 집어 올리는 순간 2자라는 숫자가 보여 순간 20층 이상을 뽑은 것인 줄 알았다. 그런데 아니다. 확인해 보니 2자는 맞는데 2층이다. 가장 저층을 뽑은 것이다. 아무리 내 인생의 운대가 안 좋다 하나 이렇게 안 좋을 수 있나 스스로도 기가 막혔다.

요새 짓는 아파트는 1층을 필로티 부분으로 처리하기 때문에 2층은 주택으로는 사실상 1층이다. 높은 위치에서 시내를 한눈에 볼 수 있다는 조망권은 애초에 글렀다. 내 앞에 있던 어떤 아주머니는 25층을 뽑았던데 난 어지간히 운도 없다는 생각에 헛웃음이 났다.

그래도 아내한테 연락을 했다. 아내 역시 내 운 없는 탓을 하지 않을 수는 없었을 것이다. 하지만 한참 이곳저곳 알아보던 아내는 그냥 계약을 하라고 한다. 그래서 서둘러 계약금 일부를 송금하고 한참을 기다린 끝에 계약서에 도장을 찍고 나왔으니 이제 더 이상 물러설 수도 없게 된 것이다.

2025년 2월에 입주 예정이라니 겨우 2년 정도 밖에 남지 않았다. 어쨌거나 이런 식으로 2년 뒤에는 싫든 좋든 새 아파트로 이사를 가야 한다. 좀 저층이면 어떠랴 싶다. 높아봐야 어지럽기만 하고 올라 다니는데 힘만 들 뿐이지.

고층보다는 분양가격이 5,000만 원 정도 저렴하다는 사실은 나의 뽑기 운 없는 설움에 조금이나마 위로가 될까?